初めて学ぶ
人間工学

岡田　明　編著

後藤義明

八木佳子

山崎和彦

吉武良治

理工図書

はじめに

　人間工学の初学者に，その面白さや重要性を伝えるような本をまとめたい。そう考えていた時に理工図書からお話をいただいた。まさに，"渡りに舟"のタイミングだった。

　これまで，大学の講義やさまざまな講演会などで人間工学を紹介してきたが，そうした講義や講演の後に，「こんな分野があったのですね！」「名前に"工学"と付いていたのでかたくて難しい学問だと誤解していました」と嬉しそうに感想を述べてくれる学生や聴講者は少なからずいた。そんな時は，すなおに喜んでいいのか，人間工学がまだ十分認知されていないことを悲しむべきなのか，複雑な思いをしていた。また，人間工学に関する本はいろいろあるものの，数多くの共著者によるオムニバス的なものや，特定のテーマや専門に特化したものが多く，人間工学の啓発や普及を目的とした入門テキスト的なものが少ないことを痛感していた。それらが本書を企画する動機となった次第である。

　そのため，本書では以下の方針に基づく内容とした。

① 大学生やモノづくりにかかわる初学者を対象とした入門書，あるいは大学の低学年向けの教科書とすること
② 大学の半期15回の講義形態を基本モデルとして設定し，講義で語りかけるようなスタイルにすること
③ 全体を2部構成として，第Ⅰ部は人間工学にかかわる人の生理心理機能の話に焦点をあて，第Ⅱ部では人間工学の実践応用事例を紹介すること
④ 知識の詰め込みではなく，考え方に重点をおいた内容にすること
⑤ より専門的な勉強につなげていけるように各章にブックガイドを設け，最後の章に復習のための演習も加えること

はじめに

　なお，これらの方針に基づき，第Ⅰ部については岡田が担当し，本務の大学で教えている「人間工学」の講義ノートをもとにまとめた。第Ⅱ部については，人間工学の主要な応用分野である機器，住宅，オフィス，情報の各モノづくりの分野で活躍している第一人者の専門家に1章ずつ執筆をお願いした。

　はたして当初の趣旨に沿った本に仕上がったか否かは読者の評価を待つことになるが，この本が人間工学に興味を持ち，その分野を志す人々を増やすきっかけとなれば幸いである。

　なお本書の執筆分担は下記の通りである。

岡田明　1章～9章，14章

吉武良治　10章

後藤義明　11章

八木佳子　12章

山崎和彦　13章

2015年11月　　　　岡田　明

【謝辞】

　本書のイラストは，研究室の院生　馬場史子氏，そして多くの図表を研究室OGの橋本喜代美氏と伊藤彰子氏に担当してもらった。ここに謝意を表します。

目　次

はじめに

第Ⅰ部：基礎編

第1章　人間工学とは何か，どう役立つのか　　3
- 1.1　本論に先立ついくつかの事例　　4
- 1.2　人間工学の対象事例　　9
- 1.3　なぜ人間工学は必要か　　11
- 1.4　モノづくりのために必要な人間の心身機能の理解　　12
- 1.5　人間工学を支える学問分野　　13
- 【コラム①-1】　"デザイン"という言葉の意味　　14
- 【コラム①-2】　ヒューマンインタフェース　　15
- 【コラム①-3】　人間工学の英訳　　15

第2章　モノづくりは人の寸法を知ることから始まる―人体寸法とデザイン　　17
- 2.1　人間の寸法と形の理解はモノづくりの基本　　18
- 2.2　人の体の区分　　19
- 2.3　人間の寸法はどのように測られるのか　　19
- 2.4　平均値だけではモノはつくれない　　24
- 2.5　簡単な統計学の話　　25
- 2.6　統計データから設計値を求める　　29
- 2.7　平均的人間は少数派　　31
- 【コラム②-1】　標準偏差とパーセンタイル値　　33
- 【コラム②-2】　偏差値とは　　34

目 次

第3章　悪い姿勢が体を壊す——運動機能と身体負担　37
- 3.1　人の体はなぜ動く　38
- 3.2　脊柱の構造　40
- 3.3　人の筋力　42
- 3.4　悪い姿勢・動作　44
- 3.5　モーメントという力　46
- 3.6　筋は強大な力を持っている　47
- 3.7　腰曲げ姿勢での持ち上げが悪いわけ　49
- 3.8　デザインへの応用　50
- 【コラム③-1】　筋の秘められた潜在的能力　51
- 【コラム③-2】　腰部に数百kgfの力がかかるわけ　51

第4章　感覚は五感だけではない——感覚の種類と視覚機能　54
- 4.1　人の感覚は五感だけではない　55
- 4.2　視覚機能と関連のあるデザイン事例　57
- 4.3　視野の種類　58
- 4.4　盲点の存在　62
- 4.5　注視安定視野　63
- 4.6　視力を求める　64
- 4.7　視力は変化する　65
- 【コラム④-1】　感覚・知覚・認知　66

第5章　人はどのように見ているのか——視覚の生理と心理　68
- 5.1　眼球の構造　69
- 5.2　錐体と桿体の違いによる物の見え方　72
- 5.3　明所視と暗所視　74
- 5.4　暗順応　75
- 5.5　現実を正確に見ているわけではない　76

5.6	刺激の大きさと感覚の大きさは直線関係ではない	79
【コラム⑤-1】	網膜についての補足	82
【コラム⑤-2】	日本の古い建築にも錯視が利用されている	83

第6章 わかりやすさをデザインする―認知人間工学　85

6.1	テレビのリモコン	86
6.2	なぜわかりにくいのか	87
6.3	デザイン改善のために	91
6.4	標識・サインのわかりにくさ	93
6.5	わかりやすさ，気づきやすさを高めるために	97
〔コラム⑥-1〕	絵文字による標識・サインのいろいろ	99

第7章 人はエラーを犯す動物である―ヒューマンエラーと安全設計　102

7.1	1つの誤りが大きな影響を生む	103
7.2	生活機器の事故事例	103
7.3	ハインリッヒの法則とスイスチーズモデル	108
7.4	エラーはなぜ生じるのか	111
7.5	ヒューマンエラーを防ぐ対策	113
7.6	ヒューマンエラーといかに付き合うか	117
【コラム⑦-1】	電子レンジやIHヒーターはなぜ火がないのに調理できるのか	118

第8章 ストレスは悪者ではない―疲労・ストレスと快適性デザイン　120

8.1	疲労は心身を守る安全弁	121
8.2	疲労を測る	122
8.3	ストレスとは	123
8.4	汎適応症候群	126
8.5	ストレスの生理	128

8.6	ストレスの効用	130
【コラム⑧-1】	神経系の分類	132
【コラム⑧-2】	ストレスを測る	132

第9章　誰もが目的を達成できるモノのデザイン―ユニバーサルデザインと人間工学　135

9.1	ユニバーサルデザインの誤解	136
9.2	ユニバーサルデザインの対象ユーザ	138
9.3	本来"障がい者"や"健常者"などはいない	139
9.4	ユニバーサルデザインの事例，そうでない事例	141
9.5	ユニバーサルデザインへの人間工学の貢献	144
9.6	加齢に伴う心身機能の変化	146
9.7	ユニバーサルデザインのキーポイント	149
9.8	究極のユニバーサルデザインとは	151
【コラム⑨-1】	バリアフリーデザイン，アクセシブルデザイン，インクルーシブデザインとどこが違う？	151

第Ⅱ部：人間工学によるモノづくり事例

第10章　機器―キーボードの人間工学設計―　154

10.1	キー配列	155
10.2	分割型キーボード	156
10.3	キースイッチの感触	158
10.4	キーボードの人間工学指針	160
10.4.1	パームレスト（表10.1の6.1.1）	161
10.4.2	基準列の高さと傾斜角（表10.1の6.1.3，6.1.4）	161
10.4.3	キーの中心間距離（表10.1の6.2.1）	162
10.4.4	キートップの面積，形状（表10.1の6.2.2）	162

- 10.4.5 キーロールオーバー（表10.1の6.2.6） ── 162
- 10.4.6 おわりに ── 163
- 【コラム⑩-1】 ドボラック配列 ── 163
- 【コラム⑩-2】 新JIS配列 ── 164

第11章 住宅―住宅の空間と設備機器の人間工学設計 166

- 11.1 はじめに ── 167
- 11.2 住宅での人間工学の考え方 ── 169
- 11.3 使う人，住む人の体の変化に対応する人間工学 ── 169
  - 11.3.1 廊下・出入り口の人間工学 ── 169
  - 11.3.2 ハンドルやスイッチの人間工学 ── 170
  - 11.3.3 手すりの人間工学 ── 171
- 11.4 暮らしの変化に対応する人間工学 ── 175
  - 11.4.1 浴室の人間工学 ── 175
  - 11.4.2 階段の人間工学 ── 178
  - 11.4.3 キッチンの人間工学 ── 180
- 【コラム⑪-1】 官能評価 ── 181
- 【コラム⑪-2】 住宅性能表示制度 ── 183

第12章 オフィス―生産性，創造性から健康まで― 186

- 12.1 オフィスチェア ── 187
  - 12.1.1 オフィスチェアの誕生 ── 187
  - 12.1.2 オフィスチェアの進化 ── 188
- 12.2 最近のオフィスと人間工学にかかわるトピック ── 194
  - 12.2.1 快適性と知的生産 ── 194
  - 12.2.2 働き方と健康 ── 196
- 【コラム⑫-1】 オフィスとは？ ── 198
- 【コラム⑫-2】 ひらめく場所 ── 199

目次

第13章　情報デザインと人間工学—人間中心設計のデザインプロセス　201

- 13.1　情報デザイン ― 202
  - 13.1.1　情報デザインとは ― 202
  - 13.1.2　情報デザインのプロセス ― 203
  - 13.1.3　商品における情報デザインの活用 ― 205
- 13.2　ガスメーター用通信端末のデザインの事例 ― 206
  - 13.2.1　はじめに ― 206
  - 13.2.2　デザインプロセス ― 207
  - 13.2.3　最終デザイン ― 212
- 【コラム⑬-1】　情報デザインや人間中心設計の手法 ― 215

第14章　明日の人間工学を展望する　217

- 14.1　モノづくり現場の4つの分野を通して ― 218
- 14.2　人の体は1つの社会 ― 219
- 14.3　快適さと機能低下の矛盾 ― 222
- 14.4　長期持続型トータルデザイン ― 223
- 14.5　人材の育成 ― 225

第15章　演習　228

第Ⅰ部：基礎編

第1章　人間工学とは何か，どう役立つのか

　この瞬間，皆さんはこの本をどこで読んでいるだろうか。自分の部屋，オフィスのデスク，あるいは電車の座席に腰かけて読んでいるかもしれない。その場所で，今座っている椅子をもっと座りやすくするにはどうすればよいのか，今いる空間の明るさや温度をどれくらいにすればより快適に読めるのか，あるいはポケットにあるスマートフォンのボタン配列や画面表示をどのようにデザインすればさらに使いやすくなるのか・・・。そんなことを考えてみてほしい。人間工学とは，このような課題を解決するために人間と道具や環境との整合性を考え，両者の関係をより良くしていく学問である。

　この章では本書のイントロダクションとして，こうした人間工学の目的や重要性を理解してもらうための話から始めることにしよう。

―――――― キーワード ――――――
人間工学の対象，人間の心身機能，デザイン

第1章 人間工学とは何か,どう役立つのか

1.1. 本論に先立ついくつかの事例

これから3つの小さな話題(トピック)を紹介しよう。これらは一見お互いに関係がなさそうに思えるかもしれないが,共通する大事なポイントが含まれている。とりあえず目を通していただきたい。

＜トピックその①＞

まずは写真1.1をご覧いただこう。ほとんどの読者はじかに接することのない空間だが,それが飛行機の操縦席(コックピット)であることはすぐにわかるだろう。最初の話題は,このコックピットにまつわる話である。

見てのとおり,ボタンやメーター類がぎっしり詰まった空間であり,パイロットという"人間"と,飛行機という"機械"とのまさに接点となる場である。ここで両者がうまく意思疎通を図ることができなければ,飛行機を安全に飛ばすことはできない。

飛行機は,第二次世界大戦のころからそれ以降を中心に急速に発達した。より速く飛べる,より遠くに飛べる,より多くの人員や荷物を載せて飛べる,そんな新しい飛行機が目覚ましい技術革新の結果としてつぎつぎに誕生した。しかし,不幸にも墜落してしまう事故も続いている。今でも飛行機事故が起きると事故調査委員会等により原因が徹底的に究明されているが,幾多の事故のうちの少なからぬ割合の主な要因として,飛行機の構造上の欠陥などではなく,パイロットのエラーが含まれることがわかっている。そのエラーを誘発するものの1つとして,メーター類がある。

例えば図1.1は,かつての飛行機のコックピットに一般的に備わっていた"三針式"と呼ばれる高度計であり(写真1.1の飛行機のものではない),飛行機がどれくらいの高さで飛んでいるのかをパイロットに知らせる重要なメーターである。この三針式は,ちょうどアナログ時計のように3つの針の組み合わせで現在の高度を読み取らせる方式である。長い針は100フィートの単位,中くらいの針は1,000フィートの単位,そして短い針が10,000フィートの単位を

1.1. 本論に先立ついくつかの事例

写真 1.1 旅客機のコックピット（マクドネル・ダグラス MD-80）[1]

図 1.1 人間工学の分野では語り草となっている三針式高度計

指し示す。では，図の三針式高度計は今どれくらいの高度を示しているだろうか，皆さんも読み取っていただきたい。まず，一番短い針が目盛の 2 と 3 の間にあるので，2 万数千フィートであることがわかる。次に，中くらいの針が目盛の 4 を超えたあたりを指しているので 4 千数百フィート。そして，一番長い針が目盛の 1 と 2 のちょうど真ん中を指し示しているので，150 フィートである。以上の情報を重ね合わせると，現在高度は 24,150 フィートとなる。

まず，高度を正確に読み取ろうとすると非常に時間がかかることを実感するのではないだろうか。また，うっかりするとすぐに読み誤りを起こしそうに思えてくる。特に短い針の目盛を 1 つ読み違えるだけでも 10,000 フィートもずれてくる。実際，この方式の高度計で高度を読み取る実験を行ったところ，非常に読み誤りやすいデザインであることが判明している（この三針式高度計はエラーを誘発しやすいメーターの象徴事例として，人間工学の分野では 1 つの語り草となっている）。

一般に，飛行機事故のような大惨事は，1 つの要因だけで生じることはあまりないが（これについては第 7 章で紹介する），このような問題のあるディスプレイが幾多の事故の引き金になっていたといわれており，この例に限らずエラーを誘発するデザインによる事故は，その後も形を変えて起きている。

一般に，機械をはじめとする道具類は日進月歩で進化していく。しかし，そ

れを操る人間はすぐには進化しない。その進化のスピードの違いが両者の乖離を生み，それが時としてこうした事故という形の悲劇を引き起こす。いくら道具の性能を高めても，それを人間が正しく扱えなければ意味がない。そうした教訓を幾多の事故が我々に与えたのだった。

　ちなみに，現在の飛行機の高度計はアナログ表示とディジタル表示を組み合わせた形となり，より読み誤りにくいデザインに改善されている。

＜トピックその②＞

　話はガラッと変わり，より身近な生活上の話題に移ろう。写真1.2は恐らく皆さんが毎日のようにしている行為であろう。パソコンの前に座り，ディスプレイを見ながらキーボードやマウスを操作する。仕事や勉強，あるいはゲームやネット検索など，長い時間をこうした行為に費やしている。ところが，写真で示されたこのような状況は必ずしも人間の身体にあったものとはいえないのである。

　ところで，皆さん方は立っている時より座っている時の方が体は楽だと思うだろう。しかし，楽なのは脚だけであり，腰にとっては立ち姿勢より座り姿勢の方が負担は大きくなる（その理由については第3章で扱う）。また，不自然な姿勢での座り方をすることにより，その負担は増長される。それに加え，ディ

写真1.2　パソコン作業（VDT作業）

1.1. 本論に先立ついくつかの事例

スプレイを見ながらのパソコン作業（VDT（Visual Display Terminals）作業）は姿勢を硬直化させるため，従来にはなかった新たな負担を目や肩・腰に与えることになる。もともと腰の負担が大きい座り姿勢を，不自然な姿勢で持続させながら，そうした作業を朝から晩まで，何日も何ヶ月も続けることにより，腰痛や肩こり，あるいは眼精疲労を訴える人が急増した。ひどい場合は会社を休まざるを得ない。それは本人にとって不幸なことであると同時に，会社にとっても大きな損失となる。VDT作業は，1つの社会問題を引き起こした。

そのため，人間工学者やメーカーの開発者等がさまざまな研究を行い，今では少しでもVDT作業の負担を減らし，腰痛発症等のリスクを低減させる機器や作業環境に改善されるようになった。

<トピックその③>

ここ近年個人情報保護の意識が社会に浸透してきたことを背景に，そうした情報の流出の恐れがある書類等を安全に廃棄するためのシュレッダー（図1.2）が普及しつつある。しかも，以前は事業所等にのみ存在していたものが，一般家庭でも使われるようになった。しかし，その普及当初そうしたシュレッダーに幼児の指が入り，紙を細断するカッターで切られて重傷を負う事故が続出した。

一般に，事故は1つの原因だけで起こることはほとんどない。その多くはモノと人間の双方の不幸な要因が重なり合って生じる。そのなかで，シュレッダー事故については2つの問題のあったことが指摘されている。1つ目は，モノ側の要因としてシュレッダーの紙を挿入する投入口の幅が考慮されていなかった点である。大人の指は投入口の中まで入らないようになっていたものの，子どもの指は細いので容易に奥まで入ってしまうデザインであった。事故をきっかけとして実際にさまざ

図1.2　シュレッダー

まなメーカーの製品が調査されたが，その多くは子どもの指が入るものであったことが報告されている[2]。

2つ目は，人間側の要因としてシュレッダーの周囲に子どもが存在するという可能性が考慮されていなかった点である。モノをデザインする際は，それを使う人のことだけではなく，場合によりその周囲に存在する人々のことも考える必要がある。そもそもシュレッダーは事業所等の子どもが恐らく存在しない場所に置かれるものであったが，事故はそのようなところでも起きている。まして，上述のとおり一般家庭にも普及してくるとその想定は完全に覆ってしまう。しかも，小さな子どもは穴やちょっとした隙間があれば指を入れたくなる行動特性もある。それゆえ，シュレッダーの隙間に指を入れてしまう事態はたまたま起きるのではなく，隙間が幼児の指を誘うのだということも考えておかなければならない。

こうした事故の続出が顕在化した直後，各メーカーは子どもの指が引き込まれないような改良を施すなどの安全対策を講ずるようになった。

さて，これら3つのトピックをもう一度簡単におさらいしておこう。まず，トピックその①の飛行機事故の話は，メーターのデザインがエラーを誘発する要因の1つだったことを物語っていた。これに対して人間側で考えておかなければならないことは，"人はエラーを犯す動物である"ということである。この言葉は皆さんもどこかで耳にしたのではないだろうか。実際，我々は日常生活のなかでよく勘違い，度忘れ，おっちょこちょいなことを繰り返す。このようにエラーを犯す人間が扱うモノだからこそ，できるだけエラーを誘発しないように，あるいはエラーが生じても大丈夫なようにつくられなければならない（この人間のエラーについては第7章でも取り上げる）。

次のトピックその②は，人の身体構造や機能と合致していなかったためにさまざまな疾患が生じたという事例である。これに対して人間側で考えておかなければならないことは，人間の心身特性に合うか否かが使いやすさや健康を左右するということである。モノをつくる場合，それを使用する人の心身の変化

を科学的に捉え，それに対する適切なデザインを施していかなければならない。特にVDT作業は多くの人々が1日のかなりの時間続ける行為である。それにより生じた問題は，モノのデザインとその使い方の重要性を再認識させられる事例となった。

最後のトピックその③は，幼児がシュレッダーに指を入れて大けがをする事故が続出した事例である。これに対して人間側で考えておかなければならないことは，その周囲にはさまざまなタイプの人々が存在しているということである。本来の使用目的以外に，あるいは使う人以外がそれに触れる可能性はいろいろ考えられる。すなわち，そのモノがどのような環境に置かれ，どのような使われ方をするのか，さまざまな状況を想定したモノづくりが必要なことをこの事例は物語っている。

以上，お互いに関連のなさそうなこれら3つのトピックに共通していることは何であろうか。それは，"人間の特性と合致しないデザインが行なわれた"ということである。

では，そうならないためにはどうすればよいのか。それは，人間の心身機能の特性や行動特性を理解し，それをさまざまなモノづくりに適用することにある。その結果，使いやすさや安全性，快適性を高めたモノをつくることができ，より健康的で安全安心な環境を構築していくことが可能となる。それを推進するのが"人間工学"というわけである。

1.2. 人間工学の対象事例

こうした人間工学に基づいてつくられているモノ，あるいはつくられなければならないモノは他にもさまざまある。それらを表1.1にまとめた。

これらのなかにはすでに人間工学的に考えられたモノもあるが，いまだあまり考えられていないモノも少なくない。また，ここにあげたモノは多岐にわたり，いわゆる道具や空間など形あるものだけでなく，情報やサービスといった物質的な形態を持たないもの，さらにはそれらを組み合わせたシステムなども含まれる。すなわち，人間がつくりあげるモノすべてが対象となるといっても

第1章 人間工学とは何か,どう役立つのか

表 1.1 人間工学の対象

対象	事例*	主な目的
道具	家電製品（電子レンジ,掃除機等）	操作しやすく,負担を少なく
	情報機器（携帯電話,パソコン等）	わかりやすく,操作しやすく
	乗り物（自動車,航空機等）	事故の回避**,操作しやすく
	家具（イス,ベッド,収納棚等）	負担を少なく,快適に
	文具（筆記具,はさみ等）	使いやすく,負担を少なく
	衣服（スポーツウェア,肌着等）	動きやすく,着脱しやすく
	その他	
空間	住宅（リビング,トイレ,階段等）	快適に,安全に
	公共空間（駅,空港,地下街等）	移動しやすく,わかりやすく
	オフィス	快適に,負担を少なく
	工場	事故の回避**,負担を少なく
	道路	移動しやすく,安全に
	その他	
情報	標識（道路標識,公共サイン等）	見やすく,わかりやすく
	画像（メニュー画面,ウェブ画面等）	見やすく,わかりやすく
	音声案内	聞きやすく,わかりやすく
	その他	
サービス	宅配（宅急便,配食サービス等）	発送しやすく,受け取りやすく
	施設利用（遊園地,役所等）	快適に,もてなし感の提供
	介護・医療	事故の回避**,安心感の提供
	その他	

* 1つの事例が複数の対象にまたがる場合もある
** 人間が介在する事故の回避

過言ではない（本書では,いわゆる物質的な"物"だけでなく人間がつくるそれらすべてを意味する言葉として"モノ"という文字を当てた）。

皆さんも常日頃目にするさまざまなモノが人間工学に基づいてつくられているか否かをチェックしてみたらいかがだろう。面白いので,本書を一通り読んだら実際に試してみよう。

1.3. なぜ人間工学は必要か

こうした人間工学に基づくモノづくりは，自動車など設計いかんにより事故に結びつきやすい対象などではかなり以前から行われてきた。しかし，ここ近年それ以外のさまざまなモノづくりにもその必要性が問われるようになりつつある。その理由を2つの"背景"というキーワードで括ることができる（表1.2）。

1つ目の"背景"は，社会的背景である。まず，超高齢社会の到来がある。すでにご存知の通り，特に日本ではここ近年高齢者の割合が急増している。また，ユニバーサルデザインの考え方も社会に浸透し，子どもから高齢者まで，男性も女性も，障がいのある人もない人も，言語や文化の異なる人も，とにかくあらゆる人々が等しく使えるモノが求められるようになった。そのためには上述したさまざまな人々のことをよく調べ，そうした人々でも使いやすいようにモノはつくられなければならない（これについては第9章で扱う）。そこに人間工学の必要性が生まれる。さらに，より安全で健康的な暮らしを実現したいという意識の向上もそれを後押ししている。

2つ目の"背景"は，つくり手の背景である。上述の社会的背景に基づき，少しでも使いやすいモノに対する社会的ニーズが強くなってきたことに加え，環境保全と同様に，つくったモノによる事故や損害を社会に与えてはならないという企業の社会的責任もより強く問われるようになった。モノをつくる企業は，それに応えるために使いやすく，安全性の高いモノの提供が必須となる。

これらの諸事情が人間工学の必要性を助長させている。

表1.2　人間工学はなぜ必要か

<社会的背景>
・超高齢社会の到来
・ユニバーサルデザイン思想の浸透
・安全，健康に対する意識の向上

<つくり手の背景>
・社会的ニーズへの対応
・企業の社会的責任

1.4. モノづくりのために必要な人間の心身機能の理解

さて，さまざまな人々が使いやすい，そして安全で健康的なモノをつくるためには，それを使う人々のことを良く知らなければならない。その重要な要素が人間の持つ心身機能の特性である。それを表1.3にまとめた。心身機能の特性にはさまざまなものがあるが，この表ではモノづくりに深く結びつく主な機能の特性として4つの要素を挙げた。

まず1番目の寸法・形態は，人間が使う形あるモノをデザインする際に必ず知らなければならない情報である。例えば棚の高さを決めるためには，それを使う人の手の届く高さを知らなければならない。女性が使いやすいクルマのハンドルをデザインするためには，それを握る女性の手の大きさや腕の長さを知る必要がある。

2番目の運動機能の特性として，例えば5歳以上の子どもでも開け閉めできるドアを設計するためには，そうした子どもの筋力の大きさを知らなければならない。自動改札機の通過制限時間を決める際には，歩行速度の遅い人でも通れる時間を調べなければならない。

3番目の感覚機能の特性として，例えばスマートフォンの画面に表示する文字の大きさを決めるためには，それを見る距離でのユーザの視力を知らなければならない。玄関のチャイムの音を，その家に住む高齢者にも聞こえやすくす

表1.3　モノづくりに関連する人間の主な機能

機能	デザイン対象例
寸法・形態 （身長，手の長さ等）	モノの大きさ，形状，レイアウト等
運動機能 （筋力，動き，巧みさ等）	操作具のかたさ，重さ，機械の応答時間等
感覚機能 （視覚，聴覚，触覚等）	表示の大きさ，明るさ，警告音の大きさ等
認知機能 （記憶，理解，判断等）	操作方法，表示内容，気づきやすさ等

るためには、高齢者も聞こえる音の適切な大きさや高さを知らなければならない。

そして、4番目の認知機能とは物事の理解や記憶といった脳の働きのことである。その特性に基づき、例えばビデオデッキの留守番予約の設定がわかりやすいように操作方法を設計しなければならない。初めてその駅を訪れる旅行者でもすぐに目的地の方向がわかるような案内標識やサインをデザインしていかなければならない。

このように、人間の心身機能のさまざまな特性を知ることで、より使いやすく安全で健康的なモノづくりを実現することが可能になる。そのための手段が人間工学である（これについては、第2章以降で扱う）。

1.5. 人間工学を支える学問分野

ところで、この人間工学は最初からそれ独自の学問体系ができあがっていたわけではない。人間の心身機能の特性を知り、それに基づきモノをデザインしていくため、それを支える複数の関連分野が存在し、それらが融合して"人間工学"という分野が生まれたのである。すなわち、人間工学は学際領域の1つでもある。その人間工学のバックグラウンドとなる既存の分野としてさまざまなものがあるが、ここではそれらを図1.3にまとめた。

大別すると、人間の"生き物"としての構造や生理機能を扱う"医学・生物学"の分野、人間の心の特性を扱う"心理学"の分野、そして実際にモノづくりを扱う"工学"の分野である。各分野には図1.3に示すとおり関連する多く

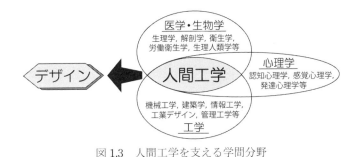

図1.3　人間工学を支える学問分野

の学問が存在し，それらが重なり合ったところに"人間工学"が位置づけられる。それを反映して，実際に人間工学にかかわる研究者や技術者の出身も多彩である。医学を修めてから人間工学を研究テーマとする人，心理学から人間工学の分野に軸足を移した人，工業デザインや建築の世界から人間工学にかかわるようになった人などが，研究者や製品企画者，技術者やデザイナーとしてこの分野で活躍している。このように，さまざまな経歴やバックグラウンドを持つ人々により人間工学が発展し，モノを扱う人間のさまざまな特性を明らかにしたり，それに基づくモノのデザインに貢献しているのである。

そして，人間工学はこれまで話してきたように，生活環境を快適にしたり，人々の健康増進に貢献したり，さらには事故を未然に防ぎ人の命を守ることにもかかわる重要な分野なのである。

人間工学を学ぶ皆さんも，今後さまざまなところでこの分野の専門家や担当者として活躍する機会に巡り合うかもしれない。

続く第2章から，より個別的かつ具体的な人間工学の話に進んでいこう。

【コラム①－1】"デザイン"という言葉の意味

ここまでの話のなかに"デザイン"という言葉が数多く出てきたことに気づいたかもしれない。日本では"デザイン"を図案や意匠を表す言葉として一般に使われており，モノのかたちや色合いを美しくする行為としてもイメージされる。しかし，"デザイン"の英語"design"を英和辞典で引くと，まず出てくる意味が"設計"である。すなわち，形態や機能を構築することが"デザイン"である。もちろん図案などの意味もあり，英語の"design"の方がより広い意味を持つ。本書でも"設計"を含む広い意味で"デザイン"という言葉を用いているので，そのつもりで受け取ってほしい。よく「デザインは良いが，機能は悪い」などの言い方がなされるが，上記の意味からすればこれはかなりおかしな表現となる。

1.5. 人間工学を支える学問分野

図 1.4　ヒューマンインタフェースの概念[3]

【コラム①-2】ヒューマンインタフェース

　モノの使いやすさやわかりやすさを語る上の1つの概念として、"ヒューマンインタフェース"という言葉がある。語源の英語"interface"は、"inter"（〜の間）と"face"（顔）からなり、顔と顔の間と書く。つまり、モノの表面（顔）同士が接する部分を意味し、これに"Human"が付いたヒューマンインタフェースは、人とモノとが接する境界面になる（図1.4）。人と接する対象となるものは、機器、空間、システム、自分以外の人などであるが、主に人と機器との接点を意味する言葉として用いられることが多い。例えば、ボタンやキーボード、自動車のハンドルやブレーキペダルなどの入力装置、メーターやディスプレイのような出力装置がそれに相当する。すなわち、人と機器とが意思や情報を伝え合う接点である。そのため、使いやすさや安全性などを考慮したモノづくりでは重要な対象であり（上記トピック①が典型例）、人間工学における重要な概念の1つである。

【コラム①-3】人間工学の英訳

　本書の最初の章として、"人間工学"の英訳についても紹介しておこう。現在、国際的に用いられている"人間工学"を表す英語に"Ergonomics"がある。日本語的には"エルゴノミクス"と呼ぶ。これは、ギリシャ語の"仕事"を意味

する"ergon"と"法則"を意味する"nomos",これに英語の"〜学"を意味する接尾語"〜ics"が合体した造語である(このうち,"ergon"は物理学の授業で習う仕事量の単位"エルグ(erg)"と同じ語源である)。直訳すると,「仕事(人間が行う行為)の法則を科学する学問」ということになろうか。この言葉はヨーロッパを中心に普及してきたが,アメリカを中心に"Human Factors"という用語も用いられており,こちらも人間工学を意味する言葉として広く普及している。

参考文献
1) マクドネル・ダグラス MD-80 コックピット
 http://gigazine.net/news/20121210-cockpits-photographs/ (2014 年)
2) (独)国民生活センター:シュレッダーの安全性にかかわる情報─指切断などの事故を防ぐために─
 http://www.kokusen.go.jp/pdf/n-20060915_1.pdf (2014 年)
3) 佐藤方彦(編),岡田明:生活文化論 生活文化と道具,井上書院,pp.207-237, 1994.

第Ⅰ部：基礎編

第2章 モノづくりは人の寸法を知ることから始まる―人体寸法とデザイン

　身なりをちょっとおしゃれに決めたい・・・。そう考えた皆さんが街のショップへ出かけ，そこで服を探すとしよう。お気に入りの服が見つかれば試着をしてみる。体にピッタリ合えばとても嬉しくなるが，自分のサイズに合わない場合はひどくがっかりしてしまう。

　このように身につけるモノのフィットの度合いが着心地や満足感を左右させるが，意識するしないにかかわらず，他にも多くのモノが人間のサイズに合わせることを必要としている。そうでないと，それが使いにくくなるだけでなく，健康や安全を損なう事態が生じる場合もあるからだ。それゆえ，人間の寸法や形を知ることは多くのモノづくりの第一歩であり，人間工学の主要なテーマの1つでもある。

---- キーワード ----
人体寸法，測定点と測定項目，統計，個人差

第 2 章　モノづくりは人の寸法を知ることから始まる

2.1. 人間の寸法と形の理解はモノづくりの基本

　今述べたように，寸法や形を合わせるモノは衣服だけに限らない。他にも，生活上のさまざまなモノに及ぶ。まず，それらを概観してみよう。

　例えば，システムキッチン（写真2.1）は，そのユーザの身長に合致した調理台，シンク，戸棚などの高さや作業しやすい冷蔵庫の位置などに設定する必要がある。そうでないと，使いづらく負担を与えるものになる。

　椅子も体の大きさや体格に合っていないと座りにくいだけでなく，第1章のトピックでも取り上げたように腰痛の原因にもなりかねない。また，同じ椅子でも乗り物の椅子，例えば旅客機のシートなどは体のサイズが千差万別な乗客が座らなければならないため，それをデザインするにはさまざまな配慮が必要になる。体格の大きい乗客にとってはシート自体のサイズや前のシートとの間隔が窮屈なものとなり，体の痛みや血行不良が生じるリスクも高まる。そこで，サイズを大きくしたシートやシート間隔にしてしまうと，確かに座り心地は向上するかもしれないが，逆に体格の小さな乗客にとっては座りづらく，また大きくした分座席数が減って航空会社の収入も減るので，運賃の上昇やサービスの低下を招くという別の快適性が損なわれる結果ともなる。両者の折り合いを考慮しながら快適性や安全性を確保しければならない。

　さらに人間の寸法を考えなかったために最悪な事態が生じた事例，それが同じく第1章のトピックでも取り上げたシュレッダーであった。その紙投入口の幅を幼児の指が入らない寸法にしていなかったために事故を招いてしまったわけである。

　このようにモノの寸法や形態を人間の大きさや形に反映させなければ，使いやすさ，快適性，健康，安全性などが保てなくなる。まさにモノづくりの基本である。

写真2.1　システムキッチンの寸法，レイアウトは使い手の寸法が反映される[1]

2.2. 人の体の区分

さて，寸法の話に入る前に，その前提となる我々の体の区分とそれらに付けられた主な名称を紹介しよう。これ以降の寸法や第3章の姿勢や動作の話にもかかわってくるので，人間工学の基本用語の1つとして覚えておこう。

人間の体は解剖学上，大きく5つのパーツにわけることができる（図2.1）。頭と胴体を合わせた"体幹"，手や腕を合わせた左右の"上肢"，そして太ももや足を合わせた左右の"下肢"の合計5つである（胴体のみを体幹とするわけ方もあるが，ここでは頭頸部を含めた定義に従う）。体幹はさらに"頭部"，"頸部"，"胴部"にわけることができる。次に上肢はさらに肩から肘までの"上腕"，肘から手首までの"前腕"，そして手首から先の"手"にわけられる。一般に，"手"は上肢全体を指すこともあれば手首から先だけをいう場合もあるが，解剖学的には手から先だけを"手"と呼ぶ。一方，下肢もさらに体幹との境から膝までの"大腿"，膝から足首までの"下腿"，そして足首から先の"足"にわけられる。この"足"も"手"と同様，一般には下肢全体を指すこともあれば，足首から先だけをいう場合もあるが，正式には足首から先だけが"足"である。

上述のように区分された各部位は，さらに細かく区分されていくが，キリがないので，以上の区分を最低限理解したうえで，寸法の話に戻ろう。

2.3. 人間の寸法はどのように測られるのか

ところで，皆さんは学校や職場で毎年のように健康診断を受けるだろう。その時，寸法として必ず測られるのが身長である。それゆえ，身長のデータについては新生児からさまざまな年代の成人男女に至るまで，全国規模の統計データが国により完備されてきた（表2.1）。

ただ，クルマのハンドルなどの位置や椅子の大きさ，シュレッダーの投入口の幅を決める際には，それらに対応した身体部分の寸法，例えば上肢の長さや下肢の長さ，指の太さなどのデータが必要となる。しかし，モノづくりに利用できるこれら身体各部位の寸法に関する大規模な統計データベースはアメリカ

第 2 章 モノづくりは人の寸法を知ることから始まる

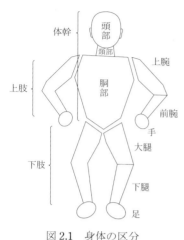

図 2.1 身体の区分
人の体はまず 5 つのパーツにわけられる

表 2.1 日本人の身長統計データ [2]

年齢（歳）	男性		女性	
	身長		身長	
	平均値	標準偏差	平均値	標準偏差
1 歳	78.8	4.3	78.7	5.3
6 歳	115.9	4.6	116.3	6.3
11 歳	145.0	7.8	145.7	7.8
16 歳	169.4	5.8	158.3	5.7
21 歳	171.9	5.2	157.9	4.8
26～29 歳	171.6	5.9	157.8	5.5
30～39 歳	171.2	5.8	158.4	5.3
40～49 歳	170.9	6.0	157.9	5.0
50～59 歳	168.6	5.7	156.1	5.3
60～69 歳	165.5	6.1	152.8	5.3
70 歳以上	162.1	6.3	148.2	6.3

やヨーロッパ主要国ではかなり以前からつくられていたが，日本には近年まで存在しなかったのである。それまで，メーカー等が必要な身体の寸法情報を得るためには，自社で独自に測定するか，大学などの研究者による限られた数の人間を対象に測られた統計データ，上述の欧米人のデータ，あるいは年齢や体格のばらつきに偏りを含む自衛隊員を対象とした統計データ等を利用するしかなかった。当然のことながら，日本人全体のより実態を反映した寸法分布を示すデータではない。そのため，日本がいくら技術的に優れた製品を生み出したといえども，ユーザが使いやすいサイズの製品も同じように誕生していたとは限らない状態が続いていた。

1990 年代に入り，ようやく国のプロジェクトの一環として，老若男女約 3 万 4 千人を対象とした計 178 箇所にも及ぶ身体各部位の寸法（体重も含む）の大規模統計データベース [3] がつくられ，モノづくりのために提供されるようになった。その後も今世紀に入り，上記データベースにかわる新しいバージョンのデータベースや，高齢者や子どもを中心とした身体各部のデータベースなども提供されるようになった [4]。

2.3. 人間の寸法はどのように測られるのか

　こうした統計データベースを構成する身体各部のなかで，どのような部位の寸法を測ればよいのか，そしてどのような測り方をすればよいのか。それについては，1990年代に国際規格（ISO）で定められ[5]，それを翻訳して日本の工業規格（JIS）として制定された JIS Z8500「人間工学—設計のための基本人体測定項目」[6]をその例として説明しよう。

　まず，測るべき部位の項目を示したものが，図2.2である。JISでは104項目（うち1つは体重）が定められている。これらを"測定項目"と呼ぶ。全身にわたりさまざまな長さや幅，周径などの測定項目が設定されている。

　さて，こうした各部の寸法を測るためには基準となる身体のポイントと姿勢が必要である。地図をつくるために山の頂上などに三角点が設置されるが，それと同じように体にも三角点に相当する基準点が定義されている。それが"測定点"である。それを示したのが図2.3であり，全身に計32ヶ所設定されている。

　各測定項目の寸法はもちろん体の表面を覆う皮膚の上から測ることになるが，これらの測定点はいずれも皮膚上ではなく骨の場所で定義されている。それは，弾力性のある皮膚の上に基準となる点を設けても体の動きや姿勢により動いてしまうからである。

　こうした測定点に基づき，さまざまな測定項目を測ることができる。例えば"身長"という測定項目は，地面から頭のもっとも高い場所に定義された"頭頂点"と呼ばれる測定点までの高さとして定義される。あるいは頭の長さを表す"全頭高"は，この頭頂点とあごの先端の測定点である"おとがい点"との間の距離として測られる。

　では，こうした寸法は何を用いて測るのであろうか。もっとも一般的に使われる器具が"マルチン式測定器"である。

　これは写真2.2が示すように，いくつかの測定器がセットになったもので，測る体の部位によりそれらを使いわけて用いる。いずれも，基本は上述の測定点を基準として，その間の距離や地面からの高さなどとして測られる。

　現在はそれに加え，レーザー光を利用して寸法だけでなく体表面の3次元形状も計測できる装置も登場しているが大掛かりで高価なため，一般にはマルチ

第2章 モノづくりは人の寸法を知ることから始まる

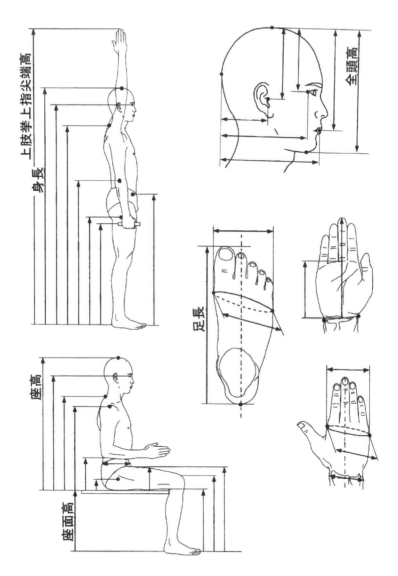

図 2.2　測定項目（JIS Z8500）[6]（一部）
（文中に登場する測定項目のみ名称を追加した）

2.3. 人間の寸法はどのように測られるのか

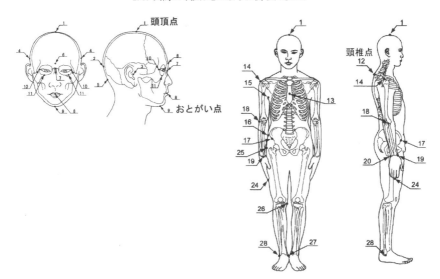

図 2.3 測定点（JIS Z8500）[6]（一部）
（文中に登場する測定点のみ名称を追加した）

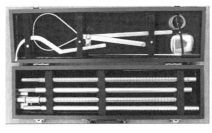

写真 2.2 マルチン式測定器
上：収納された測定器一式　　下：上腕長の測定例

ン式測定器が今でも広く使われている。

2.4. 平均値だけではモノはつくれない

すでに測定された寸法のデータをさまざまなモノづくりに応用することは，モノをつくる仕事のなかでは必須の事項となろう。特定のユーザが専用に用いるモノをオーダーメードでつくる場合は別として，ほとんどのモノは体の寸法がまちまちな多くのユーザにできるだけ合うように設計値を決めていかなければならないからである。例えば，体格の異なるさまざまな人が座るイスの座面の高さを決める際には，座る可能性のある人々の"座面高"（図2.2）のデータが必要となる。あるいは部屋の出入口の高さを決める際には，そこを通るさまざまな人々の身長データを反映させなければならないだろう。

一般にデータとしてよく使われるのが平均値という値である。しかし，上記の例に平均値を当てはめることは適切とはいえない。なぜならば，椅子の座面の高さを座面高の平均値に設定したら，それより下腿の短い人は足が地面に届かなくなる。身長の平均値を基準に出入口の高さを決めたら，平均値より高い約半数の人は腰をかがめて通らなければならない（実際は歩行時の上下の揺れや心理的な影響により，さらに多くの人が腰をかがめることになろう）。このように，平均値という統計値はさまざまな場面で用いられる便利な値ではあるものの，モノの寸法を決める際にはあまり役立たない場合が多い。上述の椅子の座面の高さであれば，平均値より低いユーザに基準を合わせる必要があり，出入口の高さであれば平均値より高いユーザを基準に考えなければならない。

では，平均値のかわりにどのような値を用いればよいのだろうか。それを考えるために，まず統計学の話から始めよう。統計学と聞いただけで敬遠したくなる読者も少なくないかもしれないが，ここであげるのは中学生でもわかる内容である。また，ここで解説する知識は寸法だけでなく第3章以降に紹介する人間のさまざまな心身データの扱いにも当てはまることなので，覚えておこう。

2.5. 簡単な統計学の話

皆さんが小学生のころ，算数の時間に棒グラフを描いたことがあると思う。例えば，クラス全員の身長の分布を5cm刻みで棒グラフにしてみる（図2.4上）。グラフを描いてみると，真ん中あたりの身長の子どもがもっとも多く，それより低い，または高い子どもの数は次第に減っていく。そして，多くの場合，一番数の多い中ほどの棒のなかに平均値が含まれる。

さて，図2.4上のグラフは30名の身長分布を5cm刻みで表したものだが，さらに人数を際限なく増やし，刻み幅も5cmから限りなくゼロに近づけていく。すると，図2.4下にあるような滑らかで左右対称な山型のグラフになる。これ

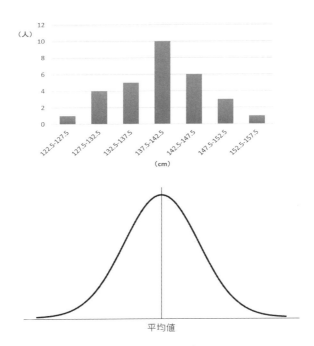

図2.4 度数分布のグラフ
上：小学校クラス30名の身長の分布（仮想データ）
下：正規分布のグラフ

が"正規分布"と呼ばれる分布の形とほぼ一致し，世のなかのさまざまな事象の分布がこの分布に近似できることが知られている。ここで取り上げた身長をはじめとする寸法データの多くも同様である。この正規分布，理論的にはその山の頂上の位置が平均値と一致し，そこを中心に平均値から大きい方，および小さい方に遠ざかるほど，数（度数）が減っていく。

　さて，いったん寸法を決める話に戻そう。それを考える事例として，皆さんがある大学の女子寮の各部屋に棚を設置することを依頼されたとしよう。その場所は窓の上の壁面であるため高い位置になるが，できるだけ多くの学生が届く高さにするよう求められている（図2.5）。しかし，大学の寮ということで利用者は毎年のように入れ替わるため，さまざまな背の高さの学生に対応しなければならない。さらに，その下にある窓の上の縁までの高さは190cmあり，それを大きく塞ぐことはできない。また，予算の関係で下に降りてくる可動式

図2.5　できるだけ多くの学生の手が届く高さに棚を吊るには

や調節式の棚にはできない。こうした状況下で，皆さんだったらどのように棚の高さを決めるだろうか。

まず，棚に手が届くことが肝心なので，上述の測定項目（図2.2）のなかで"上肢挙上指尖端高"のデータが使えそうである。これは，直立して上方にのばした両手の中指の先までの高さである（図では片手しか挙げていないが，測定は両手を挙げて行う）。そのため，棚の上のものを取る際に多少爪先立ちをして十分届く高さとしてこの測定項目のデータを利用することにする。その実際の統計データとして，ここでは（一社）人間生活工学研究センターが約6,700名の老若男女を対象に測定したデータベース「日本人の人体寸法データブック2004-2006」[7]を引用することにしよう。このデータベースでは，全身計217ヶ所の測定項目（体重も含む）の統計値（平均値，標準偏差，パーセンタイル値等）が男女別に20歳代から70歳代まで10歳刻みで掲載されている（20歳代と70歳代は5歳刻みのデータも含む）。

女子寮の部屋なので，その主な利用学生は20歳前後の女性である。ここでは，その年齢層に近い20～24歳の女性444名を対象に測定された上肢挙上指尖端高の統計値を使うことにする。まず，その平均値をこのデータベースから引用すると約195cmである（もとの統計データは0.1mmまでの精度で示されているが，ここでは話を簡単にするためcmの単位まで四捨五入した値を用いる）。

そこで，この195cmの高さで棚を設置したらどうだろうか。平均値以上の寸法を持つ背の高い学生は棚のものを取ることはできるが，平均値未満の背の低い学生は届かなくなる。すなわち，平均値を採用すると約半数の学生はそのままでは利用できなくなってしまうのだ。この場合は，より低い学生に照準を合わせなければならない。

では，どのような値にすればよいのか。それを導き出す重要な情報源の1つが"標準偏差"と呼ばれる統計値である。これは，データのばらつき度合（この場合は個人差の大きさ）を表す統計指標であり，その値が大きいほどばらつきが大きく，小さいほどばらつきは小さくなることを示している。一般に，統計データとして平均値とともにもっともよく示される値でもある（表2.1の身

長データでも平均値とともに標準偏差が記載されている）。その標準偏差を求める式はここでは省くが，コラム②－1に記載したので，興味のある人は参照していただきたい。また，皆さんが高校や大学を受験する時に一喜一憂した偏差値という値と言葉は似ているが，この偏差値も標準偏差を用いて求められた指標である（コラム②－2参照）。

さて，この20歳代前半女子の上肢挙上指尖端高の標準偏差を調べてみると，約8cmである。しかし，平均値が195cmという値はイメージできても，標準偏差が8cmといわれてもどれくらいの大きさの個人差を表しているのか見当もつかないだろう。そこで図2.6をみてほしい。

図中の度数分布が正規分布とほぼ一致するものだとしよう。そして，平均値（X）より大きい方に平均値＋標準偏差（X＋SD）の値を，逆に平均値より小さい方に平均値－標準偏差（X－SD）の値を設定する。そうすると，この2点すなわち平均値±標準偏差に挟まれた区間には，全体のデータ数を100％とするとそのうちの約68％が含まれるという性質がある（なぜそうなるか本書では触れない。興味のある読者は統計学の専門書を参照してほしい）。

つまり，この上肢挙上指尖端高が（195＋8＝）203cmから（195-8＝）187cmの人が全体の約7割いるということになる。ちなみに，図2.6でも示すように，平均値より大きい方に平均値＋1.65倍の標準偏差の値を，平均値より小さい方に平均値－1.65倍の標準偏差の値をとると，その間，すなわち平均値

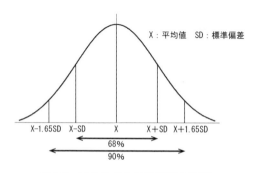

図2.6　正規分布と標準偏差の関係

±1.65倍の標準偏差の区間には全体の約90％が含まれる．さらに，平均値±2倍の標準偏差の区間には全体の約95％が含まれる．これらの性質を知っておくと，標準偏差が示すばらつき度合のイメージが少し膨らむだろう．

2.6. 統計データから設計値を求める

以上の統計学の知識を用いて，いよいよ課題である適正な棚の高さを決めてみよう．前節の冒頭でも記したように，できるだけ多くの学生が背伸びをしないで手が届くように設定したいが，設置する位置の下には窓があり，あまり低くすることはできない．

このような場合，設計の場面でよく使われる考え方の1つが，何％のユーザが使えるかを想定することである．理想的には100％のユーザが使えるようにしたいところだが，現実には不可能に近い場合が多い．そこで次善の策として，例えば"95％のユーザが使えるようにする"という考え方がよく用いられる．もっと多くのユーザが使えるようにしたいのであれば"99％のユーザが使えるようにする"という考えを採用することもある．だからといって，それから外れた残りの5％あるいは1％のユーザを見捨てるわけではない．そうしたユーザには別の対応を用意することで最終的には100％のユーザを満足させることが必要である．

さて，この棚の例でもその考えにのっとり，95％の学生が届く高さにしよう（これが妥当な考え方といえるか否かはここでは問わず，あくまでも統計値を設計値に適用する方法の一例として受け取っていただきたい）．それを決めるために，先ほど紹介した平均値と標準偏差の2つの情報を使うことになる．"95％の学生が届く"ということを度数分布の図で表したのが図2.7である．

図中の小さい方の5％の人と大きい方の95％の人をわける値が求める棚の高さとなる．その値を求める根拠となるのが，前出の図2.6である．結論から先にいえば，次の簡単な式で95％のユーザが使える高さ（H）を推定することができる．

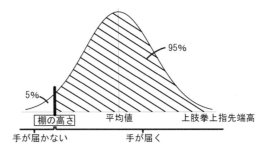

図 2.7 95 % の学生の手が届くということをグラフに表すとこのようになる
　　　この場合の棚の高さは 5 パーセンタイル値と一致する
（コラム②－1 参照）

$$H = 平均値 - 1.65 \times 標準偏差 \tag{2.1}$$

　図 2.6 でも説明したように，平均値 ± 1.65 倍の標準偏差には全体の 90 % が含まれる性質を利用している。
　さて，上肢挙上指尖端高の平均値が 195cm，標準偏差が 8cm なので，これを上記の式に当てはめると，

$$H = 195 - 1.65 \times 8 = 182 \text{cm} \tag{2.2}$$

　すなわち，この高さに棚を設定すれば，学生が毎年入れ替わったとしても全体で約 95 % の学生が届く高さになると推定されるわけである。また，窓の上の縁までの高さは 190cm あるので，8cm 窓を塞ぐ程度で済むこともわかる（適正な棚の高さは，その他に手をのばす人の柔軟性や棚に置く物の形状や重さにも影響される。この事例はあくまでも 1 つの手法を示したものであり，実際には他の要素も加味しなければならないかもしれない）。そして，忘れてはならないことは手の届かない残り 5 % の学生には，踏台を用意したり，もともと棚に手を挙げられない学生にはそれにかわる場所を設定するなど，別の対応を用意することで，この寮に入る全員の学生が棚もしくは別の空間を利用できるよ

うに考えることになる。

なお、この5％と95％をわける値は、5パーセンタイル値と呼ばれる統計値と一致する（コラム②-1参照）（ちなみに、この例で引用したデータベース[7]にはその値も掲載されているが、一般の統計データは平均値と標準偏差のみの記載が多いため、この2つの指標から求める方法を紹介した）。

以上の例は、低い人をターゲットにした際の設計値の決め方だった。先述の出入口の高さを決める例では、逆に身長の高い人に照準をあてて検討することになろう。

このように、平均値だけでなく個人差の大きさの指標も加えることにより設計値を決めることが可能となる。また、全体の何％のユーザが使えるものにするかは、設計上の制約やコスト、その範囲から外れる人がどれくらい不利益を被るか、などにより考えていかなければならない。モノの寸法1つ決めるにも多くの考慮が必要である。

2.7. 平均的人間は少数派

最後に、面白いデータを紹介しよう。先ほど説明した度数分布（図2.4）が示すように、平均値付近の寸法を持つ人の数が一番多い。しかるに、この節のタイトル"平均的人間は少数派"とはどういう意味だろうか。

それは、身体寸法に基づき、すべての人をほぼ三等分して、"大きい人""平均的な人""小さい人"にわけた場合、複数の寸法が全部平均的な人がどれくらいいるかを筆者が調べた結果がそれを示している。ここでは、すべての人数を100％とした場合に、各寸法の平均値に近い30％の人を平均的な寸法の持ち主として定義した（この定義はこの調査でのみ設定したものであり、一般的に定められた平均的な寸法の定義ではない）。

その対象データとして、日本人成人男子532名（16～80歳）の身体寸法データ[8]のうち、主要な寸法である身長、座高、上肢長、足長を用いた。

まず、この532名のうち平均的な身長の持ち主はこの定義に従えば、532名×30％≒160名となる（表2.2）。次に、身長が平均的な人のなかで、座高（体

幹の長さの指標)(図 2.2) も平均的である人の数を調べてみる。すると 107 名，すなわち成人男子全体の約 20％，身長が平均的な人に限ってもその 3 分の 2 しか該当しなかった。残りの 3 分の 1 の人は身長の割に胴が短いか長いことになる。さらに，身長と座高の両方とも平均的な人のなかで，上肢長（肩から指先までの長さ）も平均的な人の数を求めると 68 名となり，全体のわずか 13％，身長が平均的な人のなかでも約 43％と半数を割ってしまう。そして，上記 3 つの寸法に足長（かかとからつま先までの長さ）（図 2.2）を加えた 4 つの寸法すべてが平均的な人の数を求めると，わずか 48 名と大きく数を減らす。全体で 10 人に 1 人もおらず，身長が平均的な人のなかでもわずか 30％しかなかった。

　つまり，この結果は平均的プロポーションを持つ人間などあまりいないことを示している。どんな人間も，平均的な要素もあれば他の多くの人々と異なる部分も持っているということである。こうした身体寸法にかんする現象は以前から知られていたが，さらに力の強さや走る速さ，視力，記憶力など，他の要素も組み合わせ，それらすべてが平均的である人間など，この世にほとんど存在しないことは上の事例により容易に想像できる。例えば，クラスメートの顔を見なくても，その人のシルエットだけで誰だかおおよそ見当がつくのは，1 人 1 人皆プロポーションが違うからである。

　人間は体格 1 つとっても，このように非常にバラエティに富んでいる。それゆえ，1 人 1 人に合ったオーダーメードのモノづくりが理想だが，手間やコス

表 2.2　4 つの寸法が"平均的な"人の数

寸法	人数
（全員）	532 名
身長が平均的	160 名
座高，身長が平均的	107 名
上肢長，座高，身長が平均的	68 名
足長，上肢長，座高，身長が平均的	48 名

2.7. 平均的人間は少数派

トを考えると多くのモノはそういうわけにもいかず，また公共設備や大量生産品など不特定多数の人々が使うものはそれができない。このように，より多くの人々が使いやすいモノをつくるのは一筋縄ではいかない。それだけ難しいことだといえる一方，人間工学でやるべき課題がまだ多く残されているということでもある。

身の回りにあるさまざまなモノを改めて見回していただきたい。皆さんの寸法に合ったモノははたしてどれくらいあるだろうか。

続く第3章では，姿勢や体の動きなど運動機能に関連する人間工学に進んでいこう。

【コラム②−1】標準偏差とパーセンタイル値

2.5節で紹介した標準偏差とは，以下の式で求められるものである。Σやルートの記号などが含まれているので，思わず目を背けたくなる数学嫌いの読者も少なくないだろうが，この式のルートのなかの分子の部分を少しだけ冷静に眺めていただきたい。

1つ1つのデータ（x_i）を全体の平均値（X）で引いて，それを二乗したものを全部足し込んだものが分子であることを意味する。それを全部のデータ数（n）から1を引いた値で割り，それのルートをとったものが標準偏差というわけである（正確には標本標準偏差と呼ぶ）。

つまり，個々のデータが平均値から遠くに散らばっていたら（すなわちデータがばらついていた場合），平均値とそれらのデータとの差が大きくなるので分子は大きくなり，必然的に標準偏差の値は大きくなる。一方，個々のデータが平均値の付近に集まっている（すなわちデータのばらつきが小さい場合），平均値とそれらのデータとの差が小さくなるので分子も小さくなり，その結果標準偏差は小さくなることがイメージできるだろう。

$$標準偏差 = \sqrt{\frac{\sum_{i=1}^{n}(x_i - X)^2}{n-1}}$$

ここで，x_i：個々の値，　X：平均値，　n：データ数

　また，本文では詳しく説明しなかったが，"パーセンタイル値"という統計値も知っておくとよい。これは，度数分布のなかでの位置を示す指標である。例えば100名を背の低い順に並べ，前から5番目あたりの人の身長が5パーセンタイル値，後ろから5番目あたりの人の身長が95パーセンタイル値に相当する。実は，2.6節で説明した"100名中95名の手が届く棚の高さ"は上肢拳上指先端高の5パーセンタイル値を求めたことと同じになる。また，平均値という値は，それより小さいデータと大きいデータを50：50にわける点でもあるので，理論的には50パーセンタイル値と一致する。

　現実のさまざまな統計データとして，平均値と標準偏差は示されるが，パーセンタイル値まで示したものは少ないため，本書では標準偏差を用いた説明を行った。

【コラム②-2】偏差値とは

　皆さん方が受験すべき大学を選ぶ際に恐らく決め手としたであろう"偏差値"というデータ，その正しい意味を知っている人は意外と少ないのではないだろうか。

　例えば，数学の試験で90点取ったら多くの学生は喜ぶかもしれないが，その平均点が85点であり，多くの受験者は80点台から90点台を取っていたと聞いた途端，気が抜けてしまうだろう。あるいは，70点しか取れなかったとがっかりしたが，その平均点が40点で，しかも最高点が75点だったとしたら，結構できたのだと安心するだろう。このように，試験の出来は単純に点数だけでは決まらず，受験者全員の成績分布のどの辺に自分の点数が位置しているのかが肝心である。それを示すのが偏差値である。これは次の式で定義される。

2.7. 平均的人間は少数派

$$偏差値 = \frac{10 \times (得点 - 平均値)}{標準偏差} + 50$$

　式を見てもわかるように，その値は全体の平均値と標準偏差（本文2.5章参照）により変わる。すなわち，得点が平均値と同じであれば偏差値は50となり，それを上回るほど偏差値は高くなり，下回るほど低くなる。また，平均値が同じでも，その試験の出来不出来がかなりわかれた（すなわち標準偏差が大きくなった）場合と，皆が似たような点数に固まってしまった（すなわち標準偏差が小さくなった）場合では，その上回る（または下回る）度合も変わってくる。例えば，上述の数学の試験で90点取った場合でいえば，平均点が85点，多くの受験者が似たような点数を取ったため標準偏差は10点だったとしたら，上の式から偏差値は55となる。一方，70点しか取れなかった場合でいえば，平均点が40点で，受験者の点数もばらけていたため標準偏差が15点だったとしたら，偏差値は70となる。

　試験の点数に限らず，物事の性質は平均値だけでは決まらないのである。

参考文献
1) システムキッチン
　http://www.hit-power.com/takara.html/（2014年）
2) 厚生労働省：国民健康栄養調査，2012.
3) （一社）人間生活工学研究センター：日本人の人体計測データ，1997.
4) （一社）人間生活工学研究センターホームページ
　http://www.hql.jp/（2014年）
5) ISO 7250 : Basic human body measurements for technical design, 1996.
6) （財）日本規格協会：JIS Z8500「人間工学－設計のための基本人体測定項目」，2002.
7) （一社）人間生活工学研究センター：日本人の人体寸法データブック2004-2006，2007.
8) （財）日本規格協会，（一社）人間生活工学研究センター：民間の機能を活用した知的基盤事業（即効型知的基盤創成研究開発事業）人間特性計測に関する基盤研究，2000.

【ブックガイド】
・「人体を測る　寸法・形状・運動」，持丸正明・河内まき子，東京電機大学出版局，2006.

人体寸法の測定について，さらに詳細を知りたい読者はこの本を参照するとよい。寸法測定だけでなく，形状や体の動きの測り方についても紹介されている。

・「Excel でかんたん統計分析」，上田太一郎（監），オーム社，2007．

この章では簡単な統計についても必須事項として解説したので，それに関する統計入門書も紹介しよう。統計学の本は数多く存在するが，パソコンソフトを使いながら簡単に体験学習できる教材として，上記の本を掲げる。

第Ⅰ部：基礎編

第3章　悪い姿勢が体を壊す
―運動機能と身体負担

　人に限らず動物はなぜ動くことができるのか・・・。そう問われたら皆さん方は，それは筋肉があるからと答えるだろう。では，筋肉がどうなれば体が動くのか，それについてはどう説明すればよいだろうか。

　我々は筋肉のおかげで体を自由に動かすことや，姿勢を保つことができる。そして複雑な道具を微妙に操ることさえできる。それだけではない。言葉を話すことも，呼吸をしたり，食べたものを胃や腸へ送ったり心臓を動かすのもある種の筋肉の働きによる。そう考えると生きるために筋肉は必要不可欠といえる。

　しかし，それらをうまく使わないと自分自身の負担を高めてしまうことがある。例えば，道具の寸法や位置を使う人に合わせて設計しないと余計な負担を与えてしまう。重い荷物を持ち上げる時の姿勢に気をつけないと，腰に数百kgの荷重が集中してしまうことさえある。日常生活を健康に，そして仕事をうまく遂行するために，あるいは快適で安全なモノをつくるためには，筋肉の機能や特性を理解しておくことが重要となる。

---- キーワード ----
骨格筋，脊椎，筋力，姿勢と動作，モーメント

第 3 章　悪い姿勢が体を壊す

3.1. 人の体はなぜ動く

写真 3.1 はご覧のとおり掃除機で部屋を掃除している光景である。前章でも示したように，こうした掃除機も，想定されるユーザの体格や手の大きさに合わせて，ホースの取っ手の形や位置がデザインされている。しかし，この写真が示すように，家具の下を腰をかがめながら掃除することもある。このように，モノを使う場合にはそのために必要な姿勢や動作を伴う。それができるだけ身体の負担にならないようにするためには，運動機能にかんする知識が必要になる。

まず，その主要な要素である筋肉の働きについて見ていこう。

この章の前書きにもあった "筋肉がどうなれば体が動くのか" の疑問に答えるため，まず筋肉の簡単な仕組みについて学ぶことにしよう。

一般に "筋肉" といわれるが，解剖学や生理学では "筋" と呼ぶ。人の場合，この筋には 3 つのタイプがある（表 3.1）。

このうち，ここで対象とするのは体の動きの動力源となる "骨格筋" である。"骨格" という名前が付いているのは，そのほとんどが骨と組み合わされて機能する筋だからである。例えば，関節を挟んだ 2 本の骨を骨格筋が結んだ構造（図 3.1）で説明しよう。筋は筋繊維と呼ばれる細い糸状の細胞（直径 10～100 μm）が束になって構成されており，部位によりさまざまな形状が見られるものの，一般的にはその両端近くは白くて固い腱と呼ばれる組織となり骨（骨膜）に付着している。

筋は，それ自身 "収縮" と "弛緩" の 2 つの状態をとる。前者がいわゆる筋が活動している状態であり，その長さを短くする "等張性収縮" と長さを変えずに張力を高める "等尺性収縮" がある。一方，筋が活動状態ではなくダラッとした状態が弛緩である。もちろん，収縮は最大限の強い収縮から，

写真 3.1　電気掃除機による掃除動作

3.1. 人の体はなぜ動く

表 3.1. 筋の種類と特徴

種類	収縮の特徴		機能
骨格筋	随意*	速くて力強い	身体の動き，姿勢
平滑筋	不随意*	遅くて持続的	胃腸の動き，血管径の変化（血流の調節）等
心筋	不随意*	速くて力強い	心臓の動き

* 　随意：自分の意思で動かせる，不随意：自分の意志では動かせない

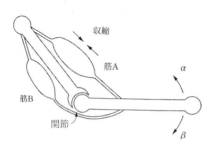

図 3.1　骨格筋の基本構造[1]
（山岡俊樹編：デザイン人間工学の基本，武蔵野美術大学出版局，2015）

弛緩に近い弱い収縮までさまざまな状態をとる。

さて，図中の筋 A が収縮をしたとしよう。すると筋の長さが短くなるため，右側の骨が左側の骨の方（αの方向）へ手繰り寄せられる。それにより関節を回転軸とした左回りの運動が生じる。この動きそのものが体の動きとなる。つまり，それを発生させるのが筋の収縮というわけである。

では，手繰り寄せられた右側の骨をもとの状態に戻すにはどうすればよいだろうか。上で述べたように，筋は収縮した状態か弛緩した状態しかとれない。A の筋の収縮を止め，ダラッとした弛緩状態にしただけではもとに戻らない。かといって，バネのように筋自ら積極的にのびる機能は備わっていない。そこで働くのが関節を挟んだ反対側にある筋 B である。今度はこちらが収縮する

ことにより，右側の骨をもとの方向（βの方向）へ引き戻すことができるのである。

このように，関節を挟んでその両側に必ず反対の作用をする筋も存在し，これらがペアとして働きながら，体を任意の方向へ動かしたり，ある位置に固定させることが可能になるのである。どちらか一方の筋がより強く収縮すれば，関節はそちらの方向へ曲がり，両方の筋収縮力がバランスをとれば，その状態で姿勢を固定することができる。なお，ある筋に対してその反対の作用をする筋のことを"拮抗筋"と呼び，この例の場合であれば，Aの筋の拮抗筋がBの筋ということになる。

3.2. 脊柱の構造

次に，骨格について少し勉強しておこう。人間工学では，特に背骨と呼ばれる"脊柱"についてある程度知っておく必要がある。それは，脊柱が人のまさに屋台骨であり，身体内外のさまざまな力や負荷を支え，いろいろな運動や姿勢のおおもととなる重要な骨組みだからである。

図3.2の左は脊柱の構造を示した模式図である。基本的には"椎骨"と呼ばれる円筒形の本体と，その左右と後方に突き出た突起をもつ骨の実質部分，そして"椎間円板（または椎間板）"と呼ばれる軟骨性の組織が交互に連なって構成されている。椎間円板が上下の椎骨の円筒形部分の間に挟み込まれたクッション材のように機能し，さらに上下の椎骨の後方にある関節が椎骨同士を結んでいる。これにより，脊柱は前後左右に曲げたり捻ったりすることができる。

この構造が上下に連なったものが脊柱全体（図3.2右）である。全体は5つの部分にわけられる。まず頸部の脊柱部分を"頸椎"と呼び，通常7つの椎骨から構成される。この脊柱部分はやや前方に凸のカーブをもつ。その一番下の椎骨（第7頸椎）の後方の突起（棘突起）が特に突き出ており，第2章の図2.3で紹介した測定点の"頸椎点"がこの突起の先端にあたる。

その下の脊柱部分を"胸椎"と呼び，12対の肋骨が接続している。従って，この部分はそれと同数の椎骨から構成され，後方に凸のカーブを呈する。

3.2. 脊柱の構造

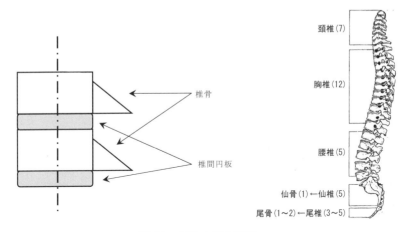

図 3.2 脊柱の基本構造
左：脊柱を構成する椎骨と椎間円板（左側面の模式図）
右：脊柱の左側面[2]

　さらに，その下の腰部を貫く脊柱が"腰椎"である。この部分は5つの椎骨から構成されるが，その上の頸椎や胸椎よりも太い椎骨になる。それは，上半身の重さを支えるだけでなく，さまざまな姿勢や動作により，大きな負荷が加わる部分でもあるからだ。この腰椎は頸椎と同じく前に凸のカーブをもつ。しかし，イスへの着座姿勢をとると，図 3.3 に示すように，骨盤と大腿骨で構成される股関節がほぼ直角に屈曲し，それにより骨盤は後ろの方に回転する（図の矢印）。さらにそれに引っ張られ，腰椎の前に凸のカーブは消失し（悪い着座姿勢をとるとさらに後ろに凸のカーブにもなり），その分，椎間円板に偏在した圧力がかかるようになる。第1章のトピック②において，立っている時よりも座っている時の方が腰の負担は大きくなることを紹介したが，その理由はこのような腰椎の構造とその変化によるのである。

　腰椎から下の"仙椎"と"尾椎"は骨盤のなかに含まれるが，図 3.2 では 5 つの仙椎が 1 つの仙骨へ，3〜5 個の尾椎が 1〜2 個の尾骨に変わることが示されている。これは，皆さんが生まれた時はそれぞれの数の仙椎や尾椎にわかれていたが，成長とともにその間の椎間円板が消えて上下の椎骨が癒合し，仙骨

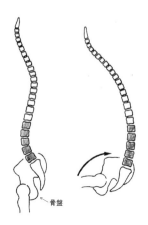

図 3.3 立位と座位における腰椎の変化[3)]
左：立位，右：座位　下部のグレーの部分が腰椎

や尾骨に変化するからである。このように，骨格には生まれた後も変化を続ける部分もある。

3.3. 人の筋力

そこで，再び筋の話に戻ろう。筋の収縮で生じた力により，我々は歩いたり，踊ったり，道具を操作することができるが，そのためにはそれに見合う力を発揮しなければならない。それを考えるために，まず握力のデータを紹介しよう。図 3.4 は，縦軸に握力，横軸に年齢がとられており，図中にそれぞれの男性と女性の平均値と標準偏差が示されている。

まず，この図から一目瞭然なのは，男女差が極めて大きいことである。小学生までは男女の差はほとんど見られないが，中学に入り男性の筋力が急激に増加する結果，大きな男女差が生じる。その平均値を比較すると，その後の各年代とも女性の握力は男性の約 6〜7 割である。他の筋力もおおむね同じような傾向にあり，筋力ほど男女差の大きい機能は他にはないといえる。第 2 章の表 2.1 で紹介した身長でも男女差はあるものの，その違いはせいぜい 5 ％程度である。しかも，男女とも 20〜30 歳代に筋力のピークを示し，それ以降は歳と

3.3. 人の筋力

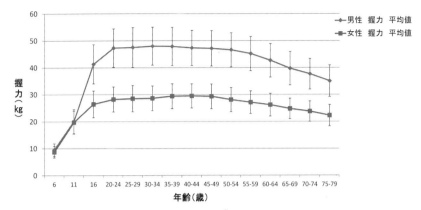

図 3.4　握力の男女差と経年変化[4]（縦のバーは標準偏差を示す）

ともに低下していく。さらに，標準偏差の大きさ（第 2 章 2.5 節参照）が示すように，同じ年代，同じ性のなかでも個人差は大きい。その結果，若年・壮年の男性が難なく扱える物を高齢の女性が同じように扱えるとは限らない。特に男性諸君はそのことをしっかり肝に銘じておかなければならない。自分の経験や基準のみで機械の操作力や道具の重さを決めてしまったならば，大きな誤りを犯すことになろう。

今見てきたように，握力などの最大の力は確認できたが，健康診断でそれらを測られた時のことを思い出していただきたい。測定の時は目一杯頑張って力を発揮することになるが，その最大の力を発揮できるのはほんの数秒であり，その後はすぐに疲れて同じだけの力を発揮することはできなくなる。しかし，弱い力であれば長時間発揮し続けられる。その関係を示したものが図 3.5 である。

横軸には相対筋力の尺度がとられている。すなわち，最大限の力を 100 % とした際の相対値である。例えば最大筋力の半分の力の発揮であれば相対筋力 50 % となる。そして縦軸はその力を持続できる時間を分単位で表している。この図で示した筋の場合，その相対筋力 100 % の力（最大筋力）は数秒しか持続できないため，縦軸の時間はゼロに近いが，50 % の力の発揮であれば少し

第3章 悪い姿勢が体を壊す

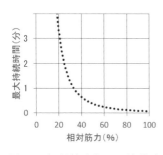

図3.5 相対筋力とその持続時間[5]

長くなり，さらに25％の力であれば最大持続時間は飛躍的に伸びることを示している。それらの関係は双曲線で近似できることが知られているが[5]，筋の種類によりその時間やパターンは異なる。

では，この関係に基づき，例えば，ある機械のレバーを5kgfの力で操作しなければならない場合を考えてみよう。もし，最大40kgfの力を発揮できる人がこのレバーを操作したとしたら，40kgfに対して5kgfの筋力発揮となるのでその人にとっての相対筋力は，5kgf/40kgf＝0.125＝12.5％になる。そのため，図のような関係にあるとすれば，かなり長時間操作し続けられることが予想できる。これに対して，その半分の20kgfの力しか発揮できない人が同じレバーを操作する場合は最大20kgfに対して5kgfの筋力発揮になるので，相対筋力は，5kgf/20kgf＝0.25＝25％となり，少しの時間しか操作できないことが予測される。このように，筋の大小は力の持続時間の長さにも大きな影響を与え，しかもこの例のように，極端な違いを生じさせる場合もある。

なお，ここで取り上げたような最大の筋力は，自分の意志で発揮した最大の値であるが，人はその値以上の筋力を発揮できる能力を実は潜在的に有している（コラム③-1）。

3.4. 悪い姿勢・動作

骨格筋は力を発揮させるだけでなく，それによりさまざまな姿勢や動作をとらせることができる。しかし，姿勢や動作のとり方によっては身体に大きな負担を生じさせることもある。

図3.6には，一般に悪い姿勢・動作と呼ばれるものを挙げた。ただし，ご覧のとおり，そのなかの多くは準備体操やストレッチ運動で行われているものである。これらは単発的に，あるいは短時間行う分には問題ない。高頻度に，あ

3.4. 悪い姿勢・動作

姿勢・動作	主な負担部位
a．背伸び・つま先立ち	肩関節，足関節
b．上腕を肩より挙げる	肩関節
c．腰曲げ	腰部
d．腰曲げ＋重量物挙上	腰部
e．体幹のひねり	腰部，頚部
f．手関節の大きな屈伸	手関節，前腕

その他，頭部の前後屈，頭部のみのひねり，上記以外の関節の大きなあるいは持続的または高頻度の角度変化，長時間拘束姿勢も該当する

図 3.6　主な悪い姿勢・動作[7]

るいは長時間持続させると良くない姿勢・動作になる例である。ただし，このなかでたった一度でもやってはならない明らかに悪い姿勢・動作がある。それは，図中 d のように腰曲げ姿勢をとりながら重量物を持ち上げようとすることである。その重さや腰曲げ角度にもよるが，下手をすると腰に数百 kg の荷重が加わることにもなり，腰痛が発生するリスクが急激に高まるからである。しかも，普段から気をつけないと，ついついやってしまう姿勢・動作である。例えば，少し下方に手をのばし腰をかがめながら荷物を取ろうとしたり，幼児を抱き上げたり，ベッド上の被介護者を抱き起こそうとする際にも生じ得る。

　では，なぜこのような姿勢・動作により腰に数百 kg の荷重が集中するのだろうか。これは，体の負担とその回避のためのデザインを考えるうえで重要となるため，以下にそれを順を追って説明しよう。

3.5. モーメントという力

　それを説明するために，まず皆さんに知ってもらう必要のあるものが"モーメント"という一種の力である。これは高校の物理の時間に出てくるはずだが，物理が苦手と思っている人，きれいさっぱり忘れた人は少なくないと思うので，そのような人でもイメージできる簡単な話から始めよう。

　皆さんが子どものころ，公園でシーソーをしたことはあるだろう。友達同士で遊ぶ際はうまくできるのだが，大人とシーソーをやった時を思い出してほしい。友達と遊んだ時と同じように二人ともシーソーの両端に座ったら，大人の体重の方が重いので，子どもが上に持ち上げられたままシーソーが成立しなくなってしまう（図3.7左）。しかし，大人がもっと前に移動すれば両者の釣合いがとれ，シーソーを続けることができる（図3.7右）。なぜだろうか。

　別の例で考えよう。図3.8のように手提げカバンを棒にぶら下げ，その棒を手で持つとする。カバンの近くの棒の部分を持つ場合には難なく持てるが，持つ部分を次第にカバンから遠ざけていくと，どんなに軽いカバンであっても，やがて持つことができなくなってしまう。どうしてだろうか。

　それは，カバンの重さ自体が手に加わるのではなく，モーメントと呼ばれる回転を起こす一種の力が手に加わるからである。この力のモーメントの大きさは，一般に以下の式で表される。

$$[力のモーメント] = [力点に加わる力の大きさ] \times [支点から力点までの距離]$$

図3.7　シーソーとモーメントの力

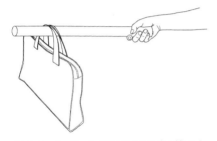

図 3.8　カバンを棒にぶら下げて持つと

カバンの例でいえば，カバンがぶら下がっている所が力が加わる点，すなわち力点となり，手で持つ部分が支える点，すなわち支点となる。従って，カバンの重さが変わらなくても，手からカバンまでの距離が長くなる分，上の式に従い，力のモーメントの大きさが増加して，ついには持てなくなるのである。

一方，先のシーソーの例でいえば，大人が子どもと同じくシーソーの端に乗ってしまったら，シーソーの中心（支点）からの両者の距離が同じになるため，大人の体重が重い分，大人の側に回そうとする力のモーメントが大きくなり，子どもの方が浮き上がったままになってしまうわけである。そのため，大人は支点からの距離を縮めて両者のモーメントを同じに保つようにするわけである。

実は，我々の体のさまざまな関節には，このモーメントに相当する力が加わっており，とり得る姿勢や動作により，関節に加わるモーメントの大きさも大きく変化する。

3.6. 筋は強大な力を持っている

悪い姿勢や動作が腰に大きな負荷をかける理由を説明するために，もう1つ知っておくべきことがある。それは筋収縮力の強さである。手首に10kgの荷物をぶら下げた状態で肘の関節を90°に保つ例を用いてそれを解説しよう（図3.9）。

この場合も上述のとおり肘関節に力のモーメントが働いている。その支点は肘関節の中心であり，そこから荷物をぶら下げている手首までの距離を25cm（0.25m）とすると，前節に示したモーメ

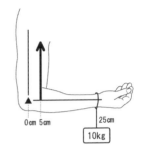

図 3.9　肘関節に働くモーメント

ントの式からその大きさは，10kgf×0.25m＝2.5kgf・m となる（正確には，この他に前腕と手の重さによるモーメントも加わるが，話を簡単にするためにそれを考慮に入れないこととする）。

すなわち，その大きさの下向きに回転させるモーメントが働くため，このままでは手は下に下がってしまう。そうならずに肘を90°に保つためには上向きに回転するモーメントを発生させ，両者のバランスを保たなければならない。その上向きのモーメントをつくるものが，上腕にある筋，主に上腕二頭筋の収縮力になる。この筋は肩甲骨と前腕の橈骨を結んでおり，肘関節の中心から約5cm（0.05m）手首側の骨に付着している。この筋を収縮させることで荷物を手首に支え続けることができる。その収縮力をどれくらいにすれば図のような姿勢を保つことができるだろうか。

もうおわかりのように，荷物による下向きのモーメントと筋収縮力による上向きのモーメントが等しくなればよい。下向きのモーメントの大きさは上で計算したとおり，2.5kgf・m である。上向きのモーメントの大きさは，上腕二頭筋の収縮力を Fkgf とすると，Fkgf×0.05m＝0.05Fkgf・m となる。これがイコールになればよいので，0.05F＝2.5 すなわち，F＝50kgf となる。

つまり，50kgf の筋収縮力を発揮すれば，肘を90°に保ちながら10kg の荷物を手首に下げ続けることができるのである（実際は手と前腕の重さによるモーメントも加わるので，それ以上の筋収縮力が必要となる）。

この解説を聞いて，皆さんは怪訝に思うかもしれない。つまり，10kg の荷物を手首にぶら下げるために，筋は50kgf 以上の収縮力を発揮しなければならない。これはどう考えても効率が悪いからである。逆にいえば，筋の収縮力を発揮しても，その数分の1以下の重さしか保持できないことになる。確かに力の面では極めて効率の悪い骨と筋の働きといえる。しかし，この構造をとるメリットもある。それは，筋の長さを少し収縮させるだけで，その先の身体部位を大きく，かつ速く動かすことができるという点である。さらにいえば，筋は外部に発揮する力よりも潜在的にはるかに大きい収縮力を持っているということでもある。実は，内部に秘められたこの強大な筋収縮力こそが，重量物を持

ち上げる時に腰に大きな負担を生じさせる要因になるのである。

3.7. 腰曲げ姿勢での持ち上げが悪いわけ

　以上の前置きの知識に基づき、いよいよ核心部分の説明に入ろう。ここでは、重量物として10kgの荷物を写真3.2のように腰曲げ姿勢で持ち上げることを想定しよう。

　その際、簡単にいえば10kgの荷物と、上半身自体の重さにより生じるモーメントが腰の前に下向きのモーメントとしてかかってくる。そのため、この荷物を持ち上げるためには、それらのモーメントよりも大きいモーメントを腰の後ろ方向に発生させなければならない。それを発生させる主な要素は、腰椎の後面を縦に走行している脊柱起立筋と呼ばれる複数の筋の集まりである（図3.10）。それらが収縮することにより、上半身を起こしながら荷物を持ち上げることができる。

　結論からいえば、その脊柱起立筋は計算上、二百数十kgfもの収縮力を発揮することになる。これが腰椎に強い圧縮力を加えてしまう（その値を求める詳細な説明は上の例より多少込み入ってくるので、興味のある読者はコラム③－2を参照していただきたい）。腰痛やギックリ腰になってもおかしくはない。

　このように、強大な筋の力が自分自身の体にダメージを与えてしまう場合もある。

写真3.2　荷物を腰曲げ姿勢で持ち上げる（注意：この姿勢での持ち上げは絶対にやらないように）

　もし、重量物を持ち上げる必要のある場合は写真3.3のように持ち上げる物をできるだけ体に引き寄せ、膝の屈伸を利用して持ち上げるのが鉄則である。近寄せることにより、支点からの距離が短くなり、その分モーメントの大きさを大きく減らすことができる。また、上半身が前に傾かないので上半身の重さによる

第3章 悪い姿勢が体を壊す

写真3.3 腰を痛めない重量物の持ち上げ方

モーメントもほとんど加わらなくなる。膝の屈伸で持ち上げることにより膝の負担は増加するものの、腰曲げによる持ち上げに比べればその負担ははるかに小さい。

3.8. デザインへの応用

このように筋の使い方次第で、同じ目的を達成する場合でも体への負担の度合いは極端に変わってくる。モノのデザインによっては、悪い姿勢や動作を誘発することになる。例えば、機械の使用頻度の高いレバーが腰をかがめて操作しなければならない位置に付いていたら、先に示した図3.6の悪い姿勢・動作に当てはまる。特にこうした悪い姿勢や動作が繰り返され、あるいは持続的に生じ得るのは工場での繰り返し作業や農作業などである。そのため、モノづくりや仕事の設定の仕方にも人間工学的なさまざまな対応が図られている。また、そうした姿勢・動作をできるだけ回避させるための基準も国際的に定められている[6]。

このように、我々が何か道具を用いて作業をする際に生じる身体負担の多くは筋の使い方に依存し、できるだけ筋負担を低下させるデザイン改善が行われている。しかし、単に筋力を使わないようにすればよいというものでもない。近年問題となっているのは、筋力過小による不具合である。例えば、近年のスマートフォンやタブレット端末に代表される電子機器類はほとんど押す力を要しないタッチスイッチやタッチパネルに変わりつつある。しかし、押す手ごたえが感じられないために、入力されたことの確認を視覚に頼らなければならなかったり、指が触れた途端に入力されてしまうため、入力操作をしない時には手を宙に浮かせていなければならないなど、誤操作を回避する姿勢・動作が必要になる。あるいは手の筋力を使わない分、視覚など他の感覚や身体の他の部分の負担増を招く状況も生じてくる。また、身体負担の少ないオフィスチェアが開発されたことにより楽に仕事を行うことができるようになったが、そのた

めに体を動かす（筋を使う）場面が減少し，長期的な健康維持に対する課題も出てきている。

単にモノを負担が少なくなるようデザインするだけでなく，場合により健康を維持していくために適度な筋活動を挿入していけるモノの使い方もあわせて考えていかなければならないだろう。

人の身体的な構造や機能の特性に関する話は，ひとまずここまでである。続く第 4 章からは感覚の話を取り上げよう。

【コラム③－1】筋の秘められた潜在的能力

握力などの最大筋力を紹介したが，実はその最大限の力以上の筋力を我々は潜在的に有しているのである。握力などを測る時に発揮される筋力は，自分の意思で発揮する最大の力なので"随意最大筋力"と呼ぶが，筋が持つ本当の最大限の力，すなわち生理的限界はそれよりもさらに強いことが明らかになっている。ただし，この生理的な最大筋力まで発揮してしまうと，体自身を痛めてしまうリスクがあるため，通常は脳の働きによりそこまでの力が発揮できないよう最大筋力は抑制されている。しかし，随意最大筋力を生理的な限界まで近づけていくこともある程度は可能といわれ，スポーツの分野ではさまざまな試みがなされている。また，生命にかかわる危機的状況の際にはその抑制が緩和される場合もある。一般に"火事場の馬鹿力"ということわざもあるとおり，そうした状況では命を守るために普段考えられないような力を発揮することが知られている。

【コラム③－2】腰部に数百 kgf の力がかかるわけ

3.7 節において，10kg の荷物を腰曲げ姿勢で持ち上げる際に腰に二百数十 kgf の荷重が加わってしまう理由を詳しく説明しよう。

この動作の際には，図 3.10 に示すように，脊柱の腰椎の中心が支点となり，そこから例えば 40cm（0.4m）水平方向に離れた手で 10kg の荷物を持ち上げ

第 3 章 悪い姿勢が体を壊す

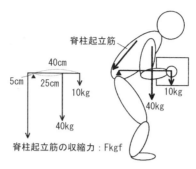

図 3.10 10kg の荷物を腰曲げ姿勢で持ち上げる

ようとすれば，10kgf×0.4m＝4kgf・m のモーメントが生じることになる。腰より前に生じるモーメントはそれだけではない。腰曲げ姿勢をとるということは，腰より上の上半身自体の重さが腰より前に出てくるわけだから，それによるモーメントの力も加わることになる。例えば，腰椎の支点から水平方向に 25cm（0.25m）だけ上半身全体の重心が前に移動し，その重さが 40kg あるとすれば，それによるモーメントの大きさは，40kgf×0.25m＝10kgf・m となる。従って，腰の支点にはこの 2 つのモーメントを足し合わせた大きさ，すなわち 4kgf・m＋10kg・fm＝14kgf・m の下向きのモーメントが働くため，そのままの状態では荷物を持ち上げることはできない（実際の人の体はこのようなモーメントのモデルのみを用いて説明できるほど単純ではなく，他のさまざまな要因が作用し合う）。

そのために働くのが脊柱起立筋の収縮力である。支点となる腰椎の中心から脊柱起立筋の中心までの距離は 5cm（0.05m）前後と見積もられているため，この筋の収縮力を Fkgf とすれば，そのモーメントの大きさは 0.05×Fkgf・m となる。そして，それが荷物と上半身の重さによるモーメントの大きさを上回るためには，0.05Fkgf・m＞14kgf・m。これを計算すると，実に F＞280kgf という強大な力が必要になる。前節で述べたように，筋は潜在的に強大な収縮力を有しており，これほどの収縮力を発揮することも可能である。

その結果，支点となる腰椎にはこの大きな収縮力と上半身の重さ，そして荷

物そのものの重さが集中してかかることになる。上述のように，人の体はこのような単純なモーメントで表せるほど簡単な構造ではないが，実際に腰椎にかかる圧力はこの計算上の値と大きく食い違わないこともわかっている。

参考文献
1) 山岡俊樹編：デザイン人間工学の基本，武蔵野大学出版局，2015.
2) 清水勘治：小解剖学書，pp.101，金芳堂，1985.
3) エティエンヌ・グランジャン，中迫勝・石橋富和（訳）：産業人間工学，pp.63，啓学出版，1992.
4) 文部科学省：体力・運動能力調査，2014.
http://www.e-stat.go.jp/SGI/estat/（2014 年）
5) Rohmert, W.：Ermittung von Erholungspausen fur statische Arbeit des Menschen, Int. Z. angew. Physiol. einschl. Arbeitsphysiol., 18, pp.123-164, 1960.
6) ISO 11226：Ergonomics - Evaluation of static working postures, 2000.
7) 生理人類士認定委員会（編），岡田明：生理人類士入門 姿勢と動作，pp.45，国際文献印刷社，2012.

【ブックガイド】

・「解剖生理学がわかる」，飯島治之，技術評論社，2012.
　医療系学生向けの解剖学や生理学に関する入門書である。人の体の構造や機能について興味のある読者にも，その要点を分かりやすく簡潔に解説している。

第 I 部：基礎編

第4章　感覚は五感だけではない
―感覚の種類と視覚機能

　今，皆さんのポケットやバッグに入れてあるスマートフォンのメール着信音が鳴ったとしよう。すかさず取り出して画面を見ると，友達からのものである。メッセージを読むとコンパの誘いだった。すぐに返信画面を開き，タッチ画面を叩きながらOKの返事を送った。

　私たちは，いわゆる五感からさまざまな情報を取り入れている。このワンシーンのなかにも着信音を聞くための聴覚，メッセージを読むための視覚，画面を確実にタッチすることを確認する触覚といった各感覚の機能が働いている。そして，それらにより得られた情報は脳へ伝えられ，過去の記憶や知識と照合しながら判断し，しかるべき次の行動を適宜選択している。

　このように，感覚を介した情報は，脳内での知覚や認知，あるいはその後の動作に影響を与える。その情報入手で一番頼りにしている感覚が，人の場合は視覚である。例えば，自動車を運転する際にフロントガラスの向こうの道路状況や他の自動車との位置関係，道路に設置された標識や信号，そしてダッシュボードのメーター類がまともに見えなければ運転そのものが不可能になる。

　見やすい情報やモノのデザインは人の営みにとって不可欠であり，そのためには人の感覚機能を知ることが重要になる。

---- キーワード ----
感覚，視覚，視野，視力

4.1. 人の感覚は五感だけではない

ところで，人が持っている感覚の種類を挙げよ，と問われたら皆さんはいくつ答えられるだろうか。おそらくほとんどの人は五感と呼ばれる5つの感覚を答えるに違いない。すなわち，視覚，聴覚，嗅覚，味覚，そして触覚の5つである。しかし，実はそれ以外の感覚もあるのだが，何だかおわかりだろうか。それは"第六感"ではない。それらは普段あまり意識することはない感覚だが，答えを聞いたら「なるほど！」と納得するだろう。

人に備わる感覚の種類をリストアップしたものが表4.1である（感覚の種類を分類する方法にはいくつかあるが，ここではその1つの方法に従った）。

感覚が生じるためには，その刺激となるもの，そしてそれを受け取る場所（感覚受容器）が必要である。それらもあわせて示した。

まず，特殊感覚と呼ばれるグループには，いわゆる五感のうちの触覚を除く4つ，すなわち視覚，聴覚，嗅覚，味覚が含まれるが，おそらく皆さんの多く

表 4.1 感覚の種類 [1)]

感覚	刺激	感覚受容器
【特殊感覚】		
視覚	可視光線	眼球（網膜）
聴覚	音波	内耳（蝸牛）
嗅覚	化学物質（気体中）	鼻腔（嗅上皮）
味覚	化学物質（液体中）	舌（味蕾）
平衡覚	重力，加速度	内耳（前庭，三半規管）
【体性感覚】		
皮膚感覚	触，圧，熱，振動等	皮膚，粘膜
深部感覚	筋収縮	筋紡錘，腱器官
【内臓感覚】		

第4章 感覚は五感だけではない

が思いつかない感覚の1つが5つ目の"平衡覚"であろう。平衡覚とは，例えば目をつぶっていても今自分の体はまっすぐ立っているのか少し傾いているのかを知ることができたり，乗物に乗っている時に窓の外の景色が見えなくても発進したかブレーキをかけたことを感じることができる手がかりの1つがこの平衡覚である。確かに，そのような感覚のあることを再認識すると思う（その他，この後紹介する体性感覚もその手がかりとなる）。

ところで，これら5つの感覚に共通している特徴が2つある。1つは，表の刺激の種類にも記されているように，そのほとんどは自分の体以外の外界からやって来る刺激に対して生じる感覚である（例外もあるが）。もう1つは，表の感覚受容器に示されているように，目の網膜や内耳や舌など，刺激を受け取る部位が体のごく一部の特殊化した器官に限られていることである。こうした特徴を持つ感覚を特殊感覚と呼ぶ。

次の体性感覚のグループに含まれるものは2つある。一番目が特殊感覚から外れた五感の残り，触覚に代表される皮膚感覚である。これは，いわゆる何かに触れた感覚（狭義の触覚），熱さや冷たさの感覚（温覚），痛みの感覚（痛覚），押された感覚（圧覚），震えの感覚（振動覚）などから構成され，皮膚直下にそれぞれ対応する感覚受容器が分布している。

2番目は"運動覚""位置覚"，"深部圧覚"などの深部感覚である。これも，平衡覚とともにほとんどの人がその存在に気づかない感覚の1つであろう。例えば，今皆さんがこの本を机の上に広げて読んでいるとしたら，自分の下腿と足は机の下を覗き込まなければ見えないはずである。それにもかかわらず，下腿と足が今どの辺にありどんな姿勢をとっているのか，見ないでも感じることができる。あるいは，自分の手を背中に回して指を適当に曲げたりのばしたりする際に，その手が見えなくても，今個々の指がどういう動きをしているのかを知ることができる。なぜならば，いずれも深部感覚により知り得たからである。それらの感覚を意識していなかっただけで，確かに自分の体の位置や動きの情報を伝えてくれる重要な感覚であることに間違いない。この深部感覚は，筋のなかに分布している筋紡錘と呼ばれる微細なセンサや，筋が骨に付着する

近くの腱にある腱器官と呼ばれるセンサが，筋収縮度合の情報を捉えることにより生じる感覚である。

そして，これらに共通している特徴は上述の特殊感覚の特徴の裏返しでもある。すなわち，特殊感覚が主に外界から来る刺激に対する感覚であるのに対し，体性感覚は自分の体の内部からの，または自分と直接接する刺激による感覚である。また，特殊感覚の受容は体の一部の器官によるが，体性感覚の受容できる場所は全身に広く分布しているということである。

さらに，3つ目の内臓感覚と呼ばれるグループもある。これは上に紹介した特殊感覚，体性感覚とはタイプが異なるが，これもいくつかの感覚の総称でもある。その名前が示すように，内臓自体の痛み等の感覚も含まれるが，別の感覚として，例えば，お腹がすいた，喉が渇いた，気分が悪い，疲れたなど，その感覚の部位が特定できない漠然とした感覚もこの内臓感覚に含まれる。いわゆる体の調子を伝える感覚でもある。

4.2. 視覚機能と関連のあるデザイン事例

このように，私たちは意識するしないにかかわらず多くの種類の感覚からさまざまな情報を外界から，あるいは自分自身の内部から得ることにより，自分が置かれている状況を知り，適切な行動をとることができる。

人の場合，そのなかで特に頼りにしている感覚が視覚であろう。そのため，人のことを"視覚的動物"とも呼ばれる。この視覚機能の特性に合致した形で情報をデザインしないと非常に見づらくわかりにくいものとなる。その具体的な事例をみていこう。

写真4.1はさまざまな視覚情報を伝えるモノのデザイン事例である。例えば，aのようなスマートフォンの限られた画面のなかに表示する文字や映像の大きさ，色使いをどれくらいに設定すれば多くの人が見やすくなるだろうか。あるいは，bのような洗剤容器に記載されている使用法や注意事項は誰でも読める大きさになっているだろうか。さらにはcのような電車の運賃表やdの交通標識は多少目の悪い人でも確認できるだろうか。

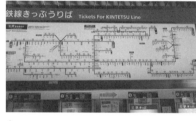

写真 4.1　見やすさを左右するデザイン事例

このように，人が見える，読める条件を知っていなければ，視覚情報を伝達するためのモノのデザインを失敗してしまうだけでなく，安全性（第 7 章）やユニバーサルデザイン（第 9 章）にも大きく影響を与える。

4.3. 視野の種類

こうしたさまざまなモノを見やすくわかりやすくデザインするために，視覚のさまざまな機能の特性を学んでおこう。その最初の項目として，"視野"を取り上げる。

視野とはいわゆる見える範囲のことだが，その見え方の特徴によりさまざまな視野の種類にわけられる。

図 4.1 はそれを模式的に表したものである。大きな 2 つの横長の楕円が一部重なった形で示されているが，左側の楕円は左目で見える範囲，右側の楕円は右目で見える範囲，従ってそれらが重なった部分は両目で見える範囲となる。また，それらが円ではなく横長の楕円で表されている理由として，上方は額（ひ

4.3. 視野の種類

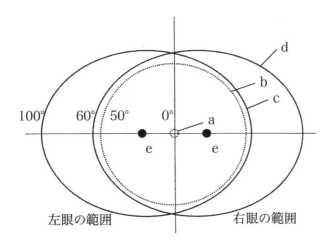

a：弁別視野　b：誘導視野　c：両眼視の範囲
d：補助視野　e：盲点
図 4.1　視野の主な種類と範囲（模式図）[1]

たい），下方は頬のでっぱりに視野が制限され，外側は邪魔される顔の突起部がないためである（ただし，この図はかなり単純化して描いているため，実際はこのようなきれいな楕円とはならない）。そして，縦線と横線が交叉する点が視野の中心，すなわち視線の先にあたる。

そこで，皆さんはとりあえず目に映る何でもよいので，それをじっと見つめてほしい。その見つめた物の形や色は良く見えていると思うが，見つめている範囲から離れている物ほどぼやけて色もはっきりしなくなることにあらためて気づくであろう。物の形や色がはっきり見えている範囲の視野を"弁別視野"と呼ぶ。では，その範囲はどれくらいだろうか。

そこで，これから紹介するいくつかの視野の範囲の大きさを表すために，角度の単位"度（°）"を用いることにする。これは，図 4.2 で示す目と視野との張る角度になる。すなわち，視野の範囲が広ければ，その角度は大きくなる。

上記の弁別視野の場合はその範囲が，測定の条件や個人差などにもよるが，おおよそ 5°前後とされている。この 5°とは具体的にどれくらいの大きさか

第 4 章 感覚は五感だけではない

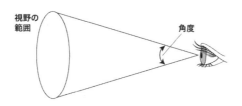

図 4.2　視野の大きさを角度で表す

　イメージが沸きにくいと思うが，先に次の視野の範囲を説明してからそれを明らかにすることにしよう。
　この弁別視野のなかでも最高の視力を発揮できる範囲がそのさらに中心部である。これがどれくらいの大きさかといえば，約 2°未満の範囲とされている。その大きさは，例えば図 4.3 が示すように，腕をのばして 100 円玉を見た際の，その 100 円玉の大きさに相当する。つまり，もっとも良く見える範囲，皆さんが健康診断で測られる視力を発揮できる範囲はたかだかその程度の狭い範囲内でしかないということである。先ほど述べた弁別視野，すなわち最高の視力でなくても物の形や色がはっきり見える範囲が約 5°だとすると，それでも 100 円玉の直径の約 2.5 倍の大きさの範囲でしかないことになる。
　物がはっきり見えるのは視野の中心付近であることは気づいていても，まさかそんな狭い範囲しか形も色もはっきり見えていなかったとは意外に思うかもしれない。それは，私たちが見たい物の方向へ常に視線の先を瞬時に移動させているため，もっと広い範囲がはっきり見えていると感じているだけである。
　さらにその視野の外側へいくと，物はますますぼやけてしまう。いわゆる "周辺視" の領域となる。そして，図 4.1 の b の "誘導視野" の範囲まで広がると，もはや物の存在がわかる程度にしか見えなくなる。物の存在がわかる程度なので，それが何かを知るためにはそこに視線の先を移動させて詳細を確かめることになる。また，この辺りまでが両目で見える範囲（水平方向で約 120°前後）でもある。
　視野はさらにその外側まで広がり，"補助視野" と呼ばれるもっとも周辺の

60

4.3. 視野の種類

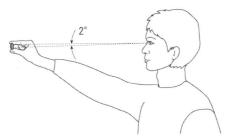

図 4.3　2°の視野の大きさは，腕をのばして見た 100 円玉の大きさと同じ

視野の領域になる。誘導視野ですでに物の存在がわかる程度なのに，補助視野ではいったい何が見えているのだろうか。補助視野は不要なものなのだろうか。そのようなことはない。補助視野でも見えているものはある。それは，物の動きや明るさの変化である。皆さんも「あれ，視野の端で何かが動いたような気がする」とか「視野のすみで何かが光った」などの視覚的体験があるのではないだろうか。こうした何かの変化が視野の端でも捉えられるおかげで，顔の横からボールが飛んで来ても，何か危険なものが迫ってきても，いち早くそれに気づき，事前に身構えることができるだけでなく，外界の空間の状況をある程度的確に把握することができるのである。

そうした補助視野の範囲はかなり広い。上下方向については上述のとおり額や頬に邪魔され，ある程度の範囲にとどまるものの，左右方向については約 200°の範囲まで見渡せる。200°と聞いて「おや？」と思った人がいるかもしれない。顔の左右真横までの範囲が 180°なので，200°といえば真横よりもやや後ろまで見えるということになる。実際，真横よりも少し後ろまで見えているような気がしないだろうか。

理想をいえば，視野のすべてで最高の視力を発揮できれば良いが，視覚情報を受け入れる脳の方がその処理能力に限りがあるため，視野全域の鮮明な情報を一度に処理することはできない。そのため，周囲の状況の変化を，物の動きや明るさの変化として視野のできるだけ広い範囲でも検知できるようにしておき，もしそうした変化を捉えたならば，次にその詳しい情報を得るために目や

頭を動かして視線を瞬時にそちらの方向へ向け，視野の中心でそれを捉える。そして，それを分析することで効率的に情報処理をしていると考えることができる。それならば，馬や魚のように左右の目が頭の両側にあった方が後方までより広い視野を確保できるわけだが，人の場合は対象を立体的に見ることを優先して，左右の目を顔の前面に並べてある。

4.4. 盲点の存在

ところで，視野の模式図（図 4.1）をあらためて見ると，誘導視野の範囲のなかに黒い領域が左右 2 ヶ所ある。これが"盲点"と呼ばれる場所である。盲点という言葉は日常的にも使われているが，本来は視野のなかに存在するこの部位から発している。すなわち，この場所に存在する物や光は見えないという領域である。

左側にある盲点は左目の盲点，右側にあるそれは右目の盲点になるが，両方とも両目で見える範囲内にあるため，どちらかの盲点の領域にあって見えない物や光も，もう片方の目で捉えることができるので通常問題はないといえる。そこで皆さん，どちらかの目を閉じてほしい。もし本当に盲点が存在するのであれば，片方の目をつぶった際にもう片方の目の視野のなかに光を感じない部分が黒く抜けて見えていてもよいはずだが，そんな場所は視野のなかに見つからないだろう。ただし，ある簡単な実験を行うと，確かに盲点が存在していることを確認することができる。

その実験に用いるのが図 4.4 である。左側に黒丸，右側に×印が描いてあるだけの図である。そこで，皆さんはまず左目をつぶり，右目だけで左側の黒丸をじっと見つめてほしい。決して視線を黒丸からそらさないように。そして，その状態で自分の目とこの本の距離を近づけたり遠ざけたりしてみよう。すると，視野の右側にぼんやり映っていたはずの×印が，ある距離になると視野からフッと消える（個人差もあるが，その距離はおおよそ 30cm 程度と思われる）。これは，×印がちょうど右目の盲点に入ったためである。どうだろうか。盲点が存在することを体験できただろうか。

4.5. 注視安定視野

図 4.4　盲点の確認

では，なぜこのような盲点など存在するのか。それについては，次の章の眼球の構造の節でその種明かしをしよう。

4.5. 注視安定視野

4.3 節で紹介したように，見え方によりさまざまな視野の種類があるのは，眼球の構造やその生理的特性に基づいている。そうした種類の視野とは別に，人間工学的に定められた視野の範囲もある。それが，注視安定視野（図 4.5）である。

見るべき対象が体の正面にあれば，目や頭をあまり動かさなくても見ることができる。しかし，見たい対象が体の横や上下の方向にずれた位置にあるほど，目や頭をそちらの方向に動かして見なければならない。注視安定視野とは，目と頭の動きの負担を大きくすることなく楽に見える範囲のことである。すなわち，見る頻度の高いもの，重要な情報はこの範囲内にあればよいということになる。

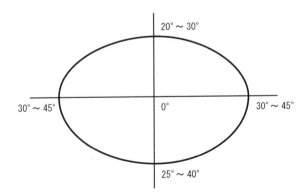

図 4.5　注視安定視野（角度は [2] に基づく）

4.6. 視力を求める

　一口に視野といっても，はっきり見えるエリアからその存在すらわからないエリアまでさまざまあることがわかったが，その見え方の指標となるものが，皆さんもご存知の"視力"である。そして，健康診断などで視力を測定する際に使われるのが，アルファベットのCの文字に似た図4.6の記号である。これをランドルト環と呼ぶ。その上下左右のいずれかの方向に隙間があり（この図では右），その方向を答えることにより「あなたは視力0.5です」などと判定される。

　では，このランドルト環を用いてどのように視力は導かれるのだろうか。実際の視力検査ではさまざまな大きさのランドルト環を見せられるが，その隙間が見える最小の隙間の大きさをもとに視力が求められる。すなわち，隙間が見えなくなれば，その隙間が上下左右のどの方向にあるか答えられなくなるか，誤った答え方をすることでそれがわかる。

　その見える最小の隙間の大きさをXとしよう（図4.6）。先に述べた視野の大きさを角度で表したのと同じように，この隙間の大きさも角度で表す。ただし，度（°）の単位で表すと小さすぎてしまうので度の下の単位"分"を用いる。1°＝60分なので，時間の時・分・秒の関係と同じく60進法である。そして，隙間とわかる最小限の大きさがX分だったとすると，視力はその値の逆数，すなわち1/Xで表せる。

図4.6　ランドルト環とそれを用いた視力の求め方

例えば，1分の隙間が何とか見える人であれば，視力＝1/1なので，その人の視力は1.0となる。1分の隙間は見えないが，その倍の2分の隙間ならばわかる人であれば，視力＝1/2＝0.5である。逆に0.5分の隙間まで見えてしまう目の良い人であれば，視力＝1/0.5＝2.0となる。

4.7. 視力は変化する

こうして求められる視力だが，視野のところでも紹介したように，その視力が発揮できるエリアは視野の中心の約2°未満の範囲でしかない。それより周辺にいくに従い，視力は急速に衰えていく。その関係を示したのが図4.7である。視力1.0の人でも中心から30°離れた視野の場所では視力0.1以下に低下してしまう。

さらに，視力は常に一定ではない。大きな影響を受けるのは明るさである。その関係を表したのが図4.8である。照度が高くなるほど視力は向上し（ただし上限はある），暗くなるほど視力は低下する（そのため，視力検査でのランドルト環の表示面の照度は本来約200ルックスが基準とされている）。このこ

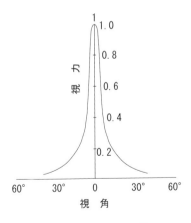

図4.7 視野と視力[3]

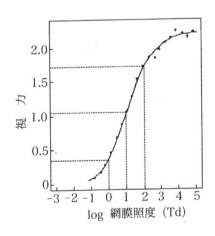

図4.8 照度と視力[4]

とは，昼間の戸外や明るい部屋で見えていたものが，夜間や暗い部屋では見えにくくなることを意味している．視覚情報を伝えるモノのデザインでは，そのことに気をつけなければ失敗する恐れもある．例えば，洗濯機の操作パネルに表示する文字を読みやすい大きさにデザインしたつもりでも，ユーザから読みにくいというクレームが来ることはあり得る話である．なぜならば，精密なデザインは一般に照度の高い明るい部屋で行われるが，洗濯機が置かれる場所は照度の低い風呂場横の脱衣室である場合が多いからである．

このように，視覚の機能はさまざまに変化するが，次の章ではそれをもう少し別の角度から説明することにより，視覚情報のデザインについてさらに明らかにしていこう．

【コラム④－1】感覚・知覚・認知

本章で扱った"感覚"と似た言葉に"知覚"と"認知"がある．心理学や認知科学ではこれらを使いわけており，本書でも登場する言葉なので，その違いを紹介しておこう．ただし，厳密に定義しようとするとなかなか難しい．

簡潔にいえば，"感覚"とは刺激により生じる体験，"知覚"は感じた対象の特徴や状態を知ること，そして"認知"は知覚した対象について知識や他の情報を交えてその本質を理解することである．恐らく，そう説明されてもピンとこないかもしれない．そこでもう少し具体的な例で示そう．例えば，駅前にたたずんで，今にも雨が降り出しそうな空を見上げながら困惑した表情を浮かべている一人の女性が見えたとしよう．その女性が見えたこと自体は"感覚"の体験である．そして，その女性が赤い服を着ており，年齢は30歳ぐらいで，髪は長く，中肉中背であるなどの特徴を捉えることが"知覚"にあたる．さらに，その女性が困った様子を示していることから，傘を持って来なかったので途中で降られたらどうしようと考えているのだ，と推察することが"認知"に相当する．

もっとも，この例がそれぞれの言葉の意味を十分に言い尽しているわけでは

なく，もともとこれらの言葉の定義は明確ではないので，深入りせずここまでの説明にとどめておこう．本書では，一応おおまかではあるがこれら3つの用語を使いわけているので，これらの言葉が出てきたら上記の例えを思い出していただきたい．

参考文献
1) （社）人間生活工学研究センター（編），岡田明：ワークショップ人間生活工学 人間の構造と機能，pp.14-16，丸善，2005.
2) 野呂影勇（編），畑田豊彦：図説エルゴノミクス 視覚，pp.292，（財）日本規格協会，1990.
3) 樋渡涓二：感覚と工学，pp.17，共立出版，1976.
4) 池田光男：眼はなにを見ているか，pp.178，平凡社，1988.

【ブックガイド】
・「眼は何を見ているのか」，池田光男，平凡社，1998.

　視覚の構造や機能をもっと知りたい読者にお薦めの本．やや古いが分かりやすい良書である．

第Ⅰ部：基礎編

第5章　人はどのように見ているのか　　　　　　　　　　　　　　　　　—視覚の生理と心理

　真っ赤な夕陽が海の向こうに沈んでいくのを感動しながら見送った。程なくして，ふと後ろを振り返れば東の丘から真ん丸いお月様がポッカリと姿を現した。それを見て，また感動する・・・。沈む夕陽と上る満月，いずれも天高く輝いている時よりもずっと大きく見える。なぜだろう。

　これは"月の錯視"と呼ばれる目の錯覚によるものだが，このように，我々は現実の姿をいつもそのまま正確に捉えているわけではない。こうしたことは日常たえず生じている。例えば，部屋の家具のレイアウトを変えただけで，以前より部屋が広く感じるようになったり，友人が髪型を変えたら顔が痩せて見えたり，暗い夜道を歩いていたら急に目の前に幽霊が現れてビックリしたが木の枝が風に揺れていただけだったり・・・。そんな経験はないだろうか。

　我々が物を見ることができるのは，その基本に目の働きがある。しかし，目を介して取り入れた外界の情報を認知するのは脳である。そのため，双方の働きの結果が物の見え方に反映されているのであり，それらの特徴を理解しておかないと，正しい情報の伝達に失敗することにもつながる。視覚や認知の特性は，安全で使いやすいモノのデザインのために，ぜひ知っておきたい知識である。

---- キーワード ----
眼球，錐体と桿体，暗順応，錯視，物理量と感覚量

5.1. 眼球の構造

これまで述べた視野や視力の特徴のおおもとの原因は目の仕組みにある。そこで，その源となる眼球の構造について紹介しよう。この節の話は生物学の内容に近いかもしれない。というより，人間工学の話になぜこんな眼球の詳しい仕組みまで学ばなければならないのか疑問に思うかもしれない。それは，この後に紹介するさまざまな物の見え方の特徴とその理由を理解するために，その知識が必要になるからである。それゆえ，しばし生物学に身を置いてみよう。

図5.1は右の眼球を水平に切った断面の模式図である。眼球はほぼ球形をしており，一番外側はその大部分が"強膜"と呼ばれる名前の通り，強くて弾力のある白い膜で形作られている。眼球のすべてがこの不透明な膜で覆われていたら光が眼球内に入れないので，前面には透明な窓に相当する"角膜"がある。ここから入った光は"虹彩"と呼ばれる円盤状の構造物の真ん中に開いた"瞳孔"を通過してさらに眼球内部へと進む。この瞳孔は明るい時は小さく，暗くなると大きくなり，取り入れる光の量を調節するカメラレンズの絞りと同じ役割をしていることは皆さんの知るところである。外から見ると，強膜がいわゆ

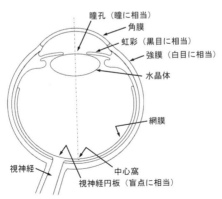

図 5.1　眼球の構造（右眼球水平面）
（構造の概要が簡単に理解できるよう，実際の眼球断面よりも単純化・模式化して示してある）

る"白目"に相当し，虹彩が"黒目"，そして瞳孔が"瞳"にあたる。なお，虹彩には色素が多く含まれており，その量が人種により異なるため，ヨーロッパや北米に住む色素の少ない多数派の人々は青や緑色の目に，色素の多い我々日本人はこげ茶色の目に見えるわけである。

　虹彩のすぐ奥には"水晶体"と呼ばれるレンズの役目をする構造体があり，そこを通過した光は最終的に光を感じる細胞が存在する"網膜"に到達する（レンズの機能を果たすのは，水晶体だけではなく，上述の角膜や水晶体以降の眼球内部を満たす透明な硝子体などもその役割を担っている）。さて，カメラではレンズと受光面との距離を変えることによりピント調節をしているが，眼球の場合はそれと同じようにレンズである水晶体と受光面に相当する網膜との間の距離を変えることはできない。どうするかといえば，水晶体を薄くのばしたり分厚くすることによりレンズの屈折率を変化させ，ピントが合うようにしているのである。齢をとってくると近くのものにピントが合わなくなる老眼は，年齢と共に水晶体の弾力性が失われ，屈折率を変化させることが困難になってくるからである。

　次に網膜の断面を顕微鏡的に拡大した模式図が図5.2である。光刺激を受容し，それを一種の電気的な信号に変えている細胞は"視細胞"と呼ばれ，"錐体"と"桿体"という2種類の細胞から構成されている。このうち，錐体はその光刺激を受ける部位が円錐形をしており，一方桿体は棒状をしていることが，その名の由来である。両者の働きや特徴は異なり，それが物の見え方のさまざまな特徴のもとになっているが，それらについては後述する。いずれも光刺激を電気的信号に変換すると，その情報は双極細胞や神経節細胞といった複数の細胞にバトンタッチされ集約された後，視神経を介して脳へ伝えられていく。

　ところで，それら網膜内の細胞の配列にあらためて注目してほしい。皆さんは不思議に思わないだろうか。光のやってくるのは図の真上からである。しかし，その光を電気的信号に変える錐体や桿体は網膜の一番奥，しかもそのなかでも光を受容する部位はそのもっとも奥に位置している。本来ならば，その部位は網膜の一番表面に並んでいてしかるべきだが，なぜこのような逆の配列に

5.1. 眼球の構造

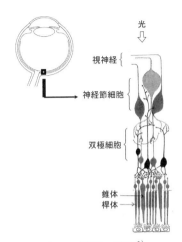

図 5.2　網膜の断面 [1]

なっているのだろうか。それは，光を電気的信号に変換する過程で多くのエネルギーを必要としており，その供給源である血液が多く流れている脈絡膜という層が網膜のさらに奥に存在しているからといわれている。錐体や桿体の光を変換する部位は，その脈絡膜に頭を向けるようにして，そこからエネルギーを取り込んでいることになる。

さて，網膜の一般的な微細構造を説明したところで，再び眼球全体を示す図5.1に戻ってみよう。網膜は水晶体以降の眼球内面をほぼ覆うように存在しているが，そのなかでも特殊な場所が2ヶ所ある。その1つが図中に描かれた点線（すなわち視野の中心から来る光の道筋）がぶつかる部位である。この網膜の場所を"中心窩"と呼ぶ。"窩"という漢字はあまり見慣れないが，"くぼみ"という意味がある。実際，網膜の中心にあり，少しくぼんでいるのでその名がついている（なぜくぼんでいるかについては，コラム⑤-1参照）（眼球外部から少し黄色く見える"黄斑"と呼ばれる部位の中心部分に相当する）。

もう1つの特殊な場所とは，その中心窩から内側に寄ったところにある"視神経円板（視神経乳頭）"と呼ばれる場所である。ここは，光の情報を運ぶ視神経が網膜全域から集められ眼球外へ出ていく部位になるため，錐体や桿体な

どの視細胞が置けない場所である．すなわち，この部位は網膜でありながら光を感じることができない場所である．4.4 節で盲点の紹介をしたが，なぜ盲点が存在するのか，その種明かしがこの視神経円板にあるというわけである．盲点の実験に用いた図 4.4 において，右側の×印が視野から消えてしまったのは，×印の像がちょうどこの視神経円板に当たったからである（×印は消えたが，なぜその部分の視野が黒く抜けて見えないのかについては疑問が残るであろう．それは，光を受容しないこの視野上の黒く抜けたエリアは，脳のレベルでは存在しないよう修正されてしまうからである）．

5.2. 錐体と桿体の違いによる物の見え方

　眼球の構造の話はもう少し続く．先ほど，錐体と桿体の働きや特徴は異なると述べたが，それをまとめたものが表 5.1 である．

　まず，錐体は色の知覚に関与するのに対し，桿体はそれには関与しない．錐体には光の三原色である赤，青，緑の光のそれぞれに感受性の高い 3 種類の錐体があり，それらの反応の組み合わせによりさまざまな色を識別することができる．一方，桿体はモノクロの像しかつくることができない．

　また，錐体は非常にシャープな像を得るのに関与するが，桿体は粗いぼやけた像の構築にとどまる．こうしてみると，錐体の方が機能的に優れているようにみえるが，桿体の優れた点もある．それは感度が錐体に比べて非常に高いことである．すなわち，桿体のおかげで暗い光でも見ることができる．

　さらに，両者の網膜内での分布のパターンも異なる．錐体は中心窩にもっとも多く周辺にいくに従い数が減少するのに対し，桿体は中心窩にほとんど存在せず，そのすぐ周辺で数が最大となる（図 5.3）．総じていえば，錐体は高精細なカラー映像，桿体は高感度なモノクロ映像を得るカメラに例えることができる．

　ここまで眼球の生物学的説明をしてきたところで，前章で紹介した視野や視力の話をもう一度思い起こしてみよう．

5.2. 錐体と桿体の違いによる物の見え方

表 5.1　錐体と桿体の違い

視細胞	色覚	感度	画質	分布	例えると
錐体	関与する	低い	細かい	中心窩にもっとも多い	高精細カラー映像
桿体	関与しない	高い	粗い	中心窩にほとんどなくその周辺に多い	高感度モノクロ映像

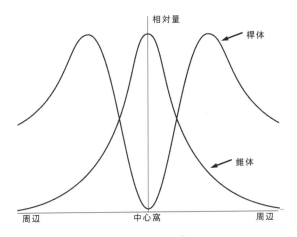

図 5.3　錐体と桿体の網膜上での分布

　まず，最高の視力を発揮できる視野の範囲はわずか 2°未満の狭い領域であった。その部分からの光は網膜の中心窩に投射され，そこには表 5.1 や図 5.3 に示す通りほとんど錐体しか存在しない。その錐体は，この表にあるように色の知覚とシャープな像を得ることに関与している。つまり，それが視野の中心のエリアでもっともはっきり物の形や色がわかる理由である。また，そこから視野の周辺にいくに従い視力が低下していくのは，図 5.3 が示すように，中心窩から遠ざかるほど錐体の数が減少することも一因としている。一方，錐体の劣る点は感度が低いことであった。それゆえ，前章の図 4.8 で示したように，

暗くなってくると視力が低下する1つの理由が錐体の感度の低さにもある（暗くなると瞳孔を大きくしなければならない理由もある）。

ところで，皆さんは最近夜空を眺めたことがあるだろうか。例えば，形を覚えている星座の星をたどる際，星座を形作る星のひとつが暗くてよく見えない場合，皆さんだったらどうやってそれを探すだろうか。たいてい，その星がありそうな場所をじーっと目を凝らして見つめるだろう。しかし，そうするとかえって暗い星は見えなくなる。なぜならば，目を凝らして見るということは視線の先で見ることであり，それは感度の低い錐体で見ようとするからである。そのため，星のありそうな辺りから若干視線をそらすと見えてくる場合がある。それはつまり，中心窩ではなくその周辺の感度の高い桿体が多く存在する部位で見るからになる。星のような点光源でははっきりわからないかもしれないが，オリオン座大星雲やアンドロメダ座大星雲など淡く暗い広がりをもつ天体を肉眼で，あるいは双眼鏡や望遠鏡で見つける場合はこの方法が役に立つ。

5.3. 明所視と暗所視

図5.4は我々が日常体験する光環境の明るさの範囲を示したものである。一番明るい環境は晴れた日の屋外であり，地表面の照度で表すと約10万ルクス前後ある。日中の曇天や雨天でも数千〜数万ルクスはある。一般に，明るい室内では100〜2000ルクス，廊下やトイレなどでは数十ルクスの明るさが多い。夜間の月明かりのもとでは1ルクス未満になり，月のない星明りのもとでも0.001ルクスレベルの照度がある。山奥などのテント生活は別として，現代人にとって人工照明が存在しない星明りのみの光環境を体験する機会はまずないが，そんな微弱な明るさのなかでもかすかに物を見ることはできる。

我々はこのように，10万ルクス以上から0.001ルクス辺りまでの非常に広い範囲の光を見ていることになる。5.1節の眼球の構造でも説明したように，目に入る光の量は瞳孔の大きさによりある程度調整されているが，その直径はたかだか約2〜8mm程度の変化でしかない。これほど大きな明るさの範囲に対応することができるのは，明るさに応じた目のモード自体を変えているから

5.4. 暗順応

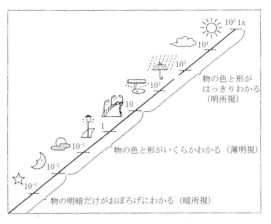

図 5.4　明所視と暗所視 [2)]

といえる。それが，"明所視""暗所視"である。その字が示す通り，明所視は明るい所での物の見え方，暗所視は暗い所での物の見え方になる。上述のように，錐体は物の形や色をはっきり見るために働くものの感度が低いのに対し，桿体は形をはっきり捉えることができず色の区別もできないが感度は高い。すなわち，明所視では錐体が物の見え方に主に寄与し，暗所視では桿体が主に働く。そのため，明るい所では物の形や色がはっきりわかり，暗くなるとそれらがはっきりしなくなる。暗い場所ではっきり見えなくなるのは，単に暗いというだけではなく，錐体が機能しなくなるからでもある。

5.4. 暗順応

皆さんは，映画館の上映開始時刻に少し遅れ，すでに暗くなった館内に入ったことはあるだろうか。その場合，どこの席が空いているのか暗くてわからないが，しばらくすると次第に暗さに目が慣れ，空いている席が見えるようになり，ようやく座ることができる。これが，"暗順応"と呼ばれる現象である。

それを時間と感度との関係で表したものが図 5.5 である。縦軸は感じられる明るさのレベルを示しており，下へ行くほど感度が高く，上に行くほど感度が

第 5 章　人はどのように見ているのか

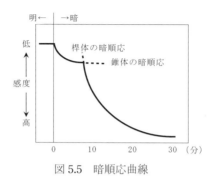

図 5.5　暗順応曲線

低くなる尺度である。横軸は暗くなってからの経過時間を分単位で示してある。暗さに目が慣れていくわけなので，時間と共に感度が増加していく（右下がりに変化する）ことがわかるが，図中に2本の曲線があるのは，それぞれ錐体の暗順応と桿体の暗順応があることを示している。錐体はもともと感度が低いため，ある程度暗さに慣れていくもののそれ以上感度が上がることはない。これに対し，桿体は暗さに目が慣れるのに少し遅れるものの，錐体よりもはるかに感度を上げていく。そして完全に暗順応が達成されるのに30分近くを要する。

　この暗順応への対応は生活のなかでも考えられている。例えば，昼間自動車が長いトンネルを通過する際，トンネル入口付近の照明の間隔は狭くなっているが，奥に進むにつれ次第に間隔が長くなることに気づく。これは，明るい戸外から暗いトンネルに入った直後の暗さに目が慣れないことを考慮して，入口付近の照明をできるだけ明るくしているためである。別の例として，飛行機が夜間空港から離陸，あるいは空港に着陸の直前に客室内の照明を落とすことがあるが，これも万一事故やトラブルで機外へ緊急脱出しなければならない際，事前に暗さに目を慣らしておく必要があるためである。飛行機事故の確率は離陸直後や着陸直前に高くなる。

5.5. 現実を正確に見ているわけではない

　これまで述べてきたように，目の機能にはさまざまな特性があり，それに基

5.5. 現実を正確に見ているわけではない

づいて設計しなければ、使いやすく安全なモノにはならないことがわかってきたと思う。では、そうした考慮を施した正確なデザインをすれば我々は常に正しい情報が得られるかといえば、必ずしもそうではない。この章の前書きでも述べたように、人は外界の情報を正確に捉えているわけではなく、月の錯視のように誤った受け取り方をする場合が少なくないからである。

前節までは生物学的な話が主だったが、これから先は心理学の話になる。

図5.6上の矢印の線分を見てほしい。左側の部分に注目すると、外向きの矢印に挟まれた線分であり、右側の部分に注目すれば内向きの矢印に挟まれた線分となる。これを見ると左右の線分の長さは大体等しく見えるだろう。しかし、実は右の線分は左のそれの4分の3の長さしかない。ウソだと思ったら実際にものさしで測ってみてほしい。

これは、ミューラ・リアの錯視図形と呼ばれるもので、心理学の教科書によく紹介される目の錯覚の一例である。では、左右の線分の長さを等しくしたらどう見えるだろうか。それが、図の下の線分である。どう見ても右の方が長く見えるが、これもものさしで測ってみれば左右同じ長さであることがわかるだろう。

このように、人は真の情報を常に正しく受け取るわけではなく、歪めて知覚してしまう場合がある。これを錯覚、特に視覚的な錯覚のことを"錯視"と呼ぶ。錯視にはさまざまな種類があり、その主なタイプを図5.7に示す。

これらの錯視は、眼球の生理的なメカニズムが影響を与えている場合もあるが、その多くは眼球から運ばれた視覚情報が脳において他の知識や過去の経験などさまざまな影響を受けて歪められることによるものである。目が物を見る

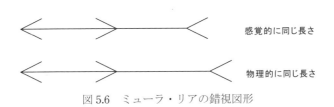

図5.6 ミューラ・リアの錯視図形

第5章 人はどのように見ているのか

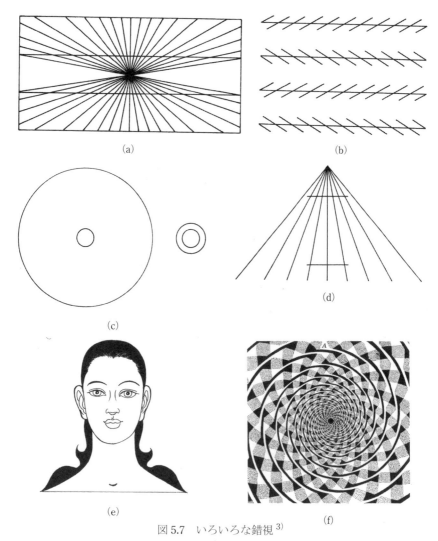

図 5.7　いろいろな錯視[3]
(a) ヘリング錯視（2本の横線は直線）
(b) ツェルナー錯視（4本の横線はいずれも平行）
(c) 同心円錯視（左右の内側の円の直径は等しい）
(d) ポンゾ錯視（上と下の横線は同じ長さ）
(e) V-H錯視（頭の先から肩のラインまでの距離と肩のラインの幅は等しいが，前者の距離の方が長く見える）（まや まこと作）
(f) フレーザーのねじれひも（螺旋に見えるが実は同心円の集まり）

というよりは脳が物を見ていることが，このような錯視の現象を引き起こしているともいえる。

例えば，図 5.7 (d) のポンゾ錯視の場合，皆さんの多くは恐らく道路が地平線までまっすぐのびていて，その道路の向こう側と手前に棒が横たわっている，というようなイメージでこの絵を見ていないだろうか。その際，道路の向こうに横たわっている棒の方が遠いのにこの絵で示される大きさに見えているということは，手前に横たわっている棒より実際は長いはずである，と見なしてしまう。つまり，知識や経験が知覚を狂わせる例である。そこで，そういうイメージでこの絵を見なければ錯覚の度合いは減少するかもしれない。実際にはあり得ない状況だが，この絵は道路ではなく，布の張っていない骨だけのカサを半分だけ開いた状態を真横から見た絵であり，そのカサの上の方と下の方に横棒が付いていると無理やりイメージしてほしい。どうだろうか。その上下の棒は先ほどの道路上のイメージとは異なり同じくらいの長さに見えてこないだろうか。

モノをデザインする際はこれら錯視の現象に対する配慮も必要になる。例えば，正確に形をつくったはずなのに歪んで見えてしまう，人々に伝えるべきサイン情報を別の意味に見間違えさせてしまうなどの問題も起こり得る。逆に，錯視を積極的に利用することにより，同じ広さの空間をより広く見せたり，面白い造形効果を狙ったデザインをすることも可能である。また，写真 5.1 に示すように，自動車のスピードを抑制する効果を狙った壁面表示もある。そうした錯視を利用する試みは昔からさまざまに存在する（コラム⑤-2）。

ここで紹介したもの以外にも，錯視については面白い事例がさまざまある。興味のある読者は，錯視にかんする本やネットを調べてみるとよいだろう。

5.6. 刺激の大きさと感覚の大きさは直線関係ではない

感覚というものは，刺激によって生じる体験である。刺激がなければ感覚は生じない。もし刺激がないにもかかわらず感覚が生じたとすれば，それは"幻覚"と呼ばれる。通常は刺激が大きくなれば，それにより生じる感覚の大きさ

第5章 人はどのように見ているのか

写真5.1 運転者にスピードの出しすぎと思わせる効果をねらったトンネル壁面の塗装[4]

も増していく。オーディオ機器の音量ボリュームを上げていけば，より大きく聞こえるようになり，部屋の照明の数を増やしていけば，より明るく感じられる。それらは当たり前の話のように思えるが，その刺激と感覚の大きさの関係はそう単純ではない。

例えば，今皆さんがいる部屋を今より2倍明るく感じさせたい場合，照明の数をどれだけ増やせばいいだろうか（昼間の場合は外の光の影響があるので，夜間としよう）。仮にその部屋の明るさが200ルックスあるとしたら，その倍の400ルックスにすれば2倍の明るさに感じるだろうと考えたくなる。しかし，そうはならない。その関係の一例を一般的に示したグラフが図5.8である。

横軸に刺激の大きさをとり，縦軸にはそれにより生じる感覚の大きさをとる。明るさの場合はルックスなどの単位で刺激の大きさを表すことができるが，感覚の大きさはどのように表せばよいだろうか。その方法はさまざまある。例えば，ある基準の照度の明るさを100点として，それより明るい（または暗い）照度の明るさは何点に感じられるかを評定してもらうなどの方法である。そのような方法で表したものを縦軸としよう。

もし，1000ルックスの照度が500ルックスの照度に比べて2倍明るく感じられたとしたら，両者の関係は直線になるはずである。しかし，刺激と感覚との間の関係の多くは曲線関係になることが知られている。その1つのモデルが

5.6. 刺激の大きさと感覚の大きさは直線関係ではない

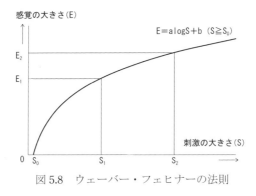

図 5.8　ウェーバー・フェヒナーの法則

この図が示す曲線である。これを"ウェーバー・フェヒナーの法則"と呼ぶ。これは，そこに示す式のように，感覚の大きさ（E）は刺激の大きさ（S）の対数に比例するという法則である。上記の例がこの法則に従うとして，図中のS_1の刺激の大きさを500ルックス，その2倍のS_2の大きさを1000ルックスとしよう。そしてそれに対応する明るさの感覚はそれぞれE_1とE_2になるが，見てのとおりE_2はE_1の2倍にはなっていない。1.5倍にも満たない。そのため，2倍の明るさを得ようとするためには，1000ルックスよりもはるかに照度を高くしなければならないことになる。

　なぜ，そのような関係になるかは生理的な理由もあるが（ここではそこまでは触れない），直線関係よりこのような関係の方が都合のよいことが多い。それは，図5.8の曲線パターンを改めて見れば何となくイメージできよう。すなわち，刺激の弱い横軸の左の方では刺激の大きさのわずかな変化で縦軸の感覚量が大きく変化する。つまり，刺激の弱い範囲では，その微妙な変化を感じやすいということを意味する。その一方，横軸の右の方では刺激量が大きく変化しても縦軸の感覚の度合いはあまり変化していかない。つまり，より広い刺激の範囲に感覚が対応していけることになる。

　刺激の種類により対数関係にならないものもあるが，少なくとも単純な直線関係にはならないことは，両者の関係を考慮するようなデザインを考えるうえでは重要である。前章の図4.8において，照度が下がると視力も低下すること

を紹介した。その図において例えばある照度では視力が1.0でも、その10分の1の照度では0.3程度に視力が低下することを示している。しかし、物理的には10分の1に照度が低下しても、感覚的には10分の1に明るさが低下したとは感じず、少し暗くなった程度にしか感じられないだろう。実際、100ルクスと1000ルクスの部屋で明るさが10倍も違うとは感じないはずである。しかし、視力は大きく異なってしまう。そこにデザイン上の注意が必要である。

なお、図5.8の曲線が原点の0から始まっているのではなく、それより少しずれた横軸から立ち上がっていることに気づいただろうか。これは、刺激の大きさがあまりにも小さい（すなわち0に近い）場合は、刺激が弱すぎて感覚が生じないので感覚量は0だからである。感覚が生じるか生じないかの境目の刺激の大きさが、この曲線が立ち上がる場所であり、その刺激の大きさ（S_0）を"刺激閾"と呼ぶ。
　　　　しげきいき

以上、第4章と第5章では、感覚機能、特に視覚に関する人の心身特性を扱ってきた。これらがモノや情報のデザインに重要であることがある程度わかってもらえただろうか。

この章では感覚だけでなく、知覚や認知についても一部触れることになったが、次の章では認知の機能についてさらに探っていこう。

【コラム⑤-1】網膜についての補足

5.2節でも説明したように、中心窩の視細胞はほぼ錐体のみである。また、なぜくぼんでいるかというと、この部分は視野の中心から来る光が到達する部位、すなわち物の形や色がもっともはっきり見えるように視野からの光を受ける場所であることがその理由である。本文でも述べたように、光を受容する錐体や桿体は網膜の一番底にある。その上に錐体や桿体などの視細胞からの光情報をバトンタッチする別の細胞や視神経の層があるわけだが（図5.2）、さすがにそれらは視細胞の層まで光を到達させるのに多少邪魔になる。そのため、ちょうど髪の毛をかき分けて地肌を見せるように、この部分の別の細胞や視神経を

5.6. 刺激の大きさと感覚の大きさは直線関係ではない

写真 5.2　龍安寺の石庭

周囲に押しやり，錐体の層を網膜表面に露出させることにより，それらの影響をより少なくしている．その分，くぼんだ構造になっているわけである．

【コラム⑤－2】日本の古い建築にも錯視が利用されている

　龍安寺の石庭では，背後の塀の奥の方の高さが手前よりもやや低くなっており，それが遠近感を誇張して実際より広く見せる効果がある（写真5.2）．また，法隆寺のエンタシスの柱も有名である．これは，柱の中央部から上部にかけて少しずつ細くすることにより，下から見た際にまっすぐ綺麗に見ることができる．

　その他，古今東西の多くの建築物などに，錯視効果をねらったものが多く存在している．それらを探してみるのも面白いだろう．

参考文献
1) Kahle, W., Leonhardt, H., Platzer, W., 越智淳三（訳）：分冊解剖学アトラスⅢ, pp.325, 文光堂，1984.
2) 金子隆芳：色の科学－その精神物理学, pp.41, みすず書房，1968.
3) 今井省吾：錯視図形　見え方の心理学, サイエンス社，1989.
4) トンネルの塗装
　 htt://sankei.jp.msn.com/west/west_economy/news/（2014年）

第 5 章 人はどのように見ているのか

【ブックガイド】
・「見てわかる視覚心理学」，大山正・鷲見成正，新曜社，2014.
　錯視の話の他，本書では扱わなかった色，空間，動きの知覚心理等，人間工学的デザインにも応用できそうな基本的な内容も収められている。

第Ⅰ部：基礎編

第6章　わかりやすさをデザインする
　　　　―認知人間工学

　最近できた大きなデパートの中で友達と待ち合わせをすることになった。このデパートは複数の建物にわかれており，案内標識を頼りに目的地の東館10階を目指して歩いていたが，いつの間にか東館を示す標識がなくなり，エレベータは見つけたものの，西館の5階までしか行けないエレベータだった。仕方がないので，スマートフォンのネットで場所を検索しようとしたが，昨日買い換えたばかりでその画面の出し方がすぐにはわからず，結局友達を待たせてしまった・・・。ありそうな話である。

　このように，日常生活のなかで必要な情報を見失ったり，モノの使い方がわからなくなることがある。それは，そうしたモノのデザインが人の脳の働き，すなわち認知機能の特性とあっていないことに起因する場合も少なくない。この章では，その認知機能の特性に焦点を当て，わかりやすく気づきやすいモノはどのようにデザインすればよいのかを考えてみよう。

キーワード

認知，わかりやすさ，メニュー構造，標識デザイン

第6章 わかりやすさをデザインする

6.1. テレビのリモコン

写真 6.1 は皆さんもお馴染みのテレビのリモコンである。普段何気なく操作しているが，あらためて眺めてみると，そのボタンの多さに気づくだろう（計 69 個のボタンが組み込まれている）。ボタンだけではない。そのボタンには 1 つあるいは複数の表示が記されている。つまり，テレビにはそれだけ多くの機能が盛り込まれており，そのすべての機能に対応するボタンとその表示を設定しなければならないからである。しかし，リモコンの大きさには限界があるため，機能が増えた分ボタンやその表示を際限なく増やすことはできない。かといって，ボタンや表示を小さくすれば，今度は見にくく押しづらいものになってしまう。

もっとも，こうしたリモコンで普段押すボタンは限られている。テレビのオンオフ，見たい番組のチャンネル選択，そしてときどき音量調節する程度でたいてい目的は達成される。しかし，普段使わない機能を選ぶ際，例えば画面の明るさを変えたい，映画に適した画面モードに変更したいなどの場合にどのボタンを押せばよいのか，そのボタンを探さなければならない。場合によってはマニュアルを参照することにもなる。そこに"わかりにくさ"の課題が生じる。近年，IT 技術の進展に伴い，機器の自動化・多機能化が進んできた。自動化により身体負担が少なく，複雑な操作が不要となり，いくつかのボタンを押すだけで楽に扱える機器が増えつつある。特に身近な例として，洗濯機，炊飯器，食器洗い機などの家電製品はその典型的なものである。また，ユーザのさまざまなニーズに対応していけるよう，機能も数多く盛り込まれるようになった。その結果，適切な表示がないと，その操作法や目的の機能がわからなくなるという事態が生じる。便利にするための自動化や多機能化だが，そのデザイン次第ではわかりにくい不便な道具にもなる。何とも皮肉な話である。

写真 6.1　テレビのリモコン

人間工学が浸透したおかげで，より使いやすいモノが増えてきた。その"使いやすい"とは一般に，体にフィットした（身体寸法や形態に適合している），身体負担が少ない（運動機能に適合している），あるいは見やすい（感覚機能に適合している）ということである。それに加えて，わかりやすいということも使いやすさの重要な要素であり，それは認知機能に適合していることを意味する。しかし，そうした認知機能に基づいたモノのデザインが追及されるようになったのは，それほど古いことではない。

このわかりやすさ／わかりにくさの課題の対象となるモノは，現実には主に2つある。1つは上述のIT機器等の操作や表示などのヒューマンインタフェース（コラム①-2参照）であり，もう1つは公共空間等の標識・サインである。以下にそれぞれについて詳しく見ていこう。

6.2. なぜわかりにくいのか

自動化・多機能化機器のわかりにくさの要因の1つとして，機能選択の数が多すぎるということがある。例えば表6.1は，ある電話ファックスの親機に備わっている機能をリストアップしたものである。全部で122もある。子機の機能も加えると約170にものぼる（紙面の関係でその一部のみ掲載）。もし，その機能のそれぞれに対応するボタンを設定したら，その数は膨大になり，まず目的のボタンを探すのに一苦労である。

こういう場合に通常行われる方策は，似た機能同士をグループにまとめ，メニュー選択方式で目的の機能を絞っていくやり方である（表6.1の電話ファックスもメニュー選択方式をとっている）。その方式も，うまくデザインしなければやはりわかりにくいものになってしまう。例えば，64個の項目から1つを選択する際，図6.1の上のメニューのように，すべての項目を一度に表示したら探すのは大変である。そこで上から2つ目や3つ目のメニューのように，64個の項目をいくつかのグループにわけ，まずそれらグループを示す。そして，目的の項目が含まれると思われるグループを選択するとメニューが切り替わり，そこに目的の項目が表示されるような2階層あるいは3階層構造のメ

第 6 章 わかりやすさをデザインする

表 6.1 電話ファックス（親機）の機能一覧（一部）

機能			
電話をかける	親機で		受話器を取ってかける
			受話器を置いたままかける
			番号を確認してからかける
同じ相手にもう一度かける（リダイヤル）	親機で		再度同じ相手に電話をかける
			ファックスを送信する
電話を受ける	親機で		
音量を変える	親機で		声を大きく（小，標準，大）
			ベルの音量（切，1〜6）
			再生音量（切，小，中，大）
保留する	親機で		もう一度親機で話す
			保留のあと子機で話す
転送する	親機から子機に		子機と通話し転送する
			子機が出ず再度親機に戻る
			親機から子機に切り替える
親機と子機で通話する	親機から子機にかける		
ワンタッチダイヤルに登録する	親機に		登録する
			登録内容を変更する
			登録内容を消去する
ワンタッチダイヤルで電話をかける	親機で		
らくらく電話帳に登録する	親機に		登録する
			登録内容を確認する
			登録内容を変更する
			登録内容を消去する
親機の電話帳を子機に転送する	一度に転送する		子機が複数の場合の選択
	1 件ずつ転送する		子機が複数の場合の選択
らくらく電話帳で電話をかける	親機で		相手先を確認してからかける
			相手先を素早く探してかける
通話中の会話を録音する	親機で		録音する
			録音した内容を聞く
			録音内容を相手に聞かせる
トーン信号に切り替える	親機で		
ファックスを送る	自動で送る		電話番号を入れて送信
			ワンタッチダイヤルから送信
			電話帳またはリダイヤルから
送信			途中で送信をやめる
			自分の名前や番号を相手の用
紙に印刷する			海外送信の設定（する・しない）
	相手と話してから		送る
			相手が自動受信の場合
ファックスを受ける	自動で受ける		親機で通話せず受信
	手動で受ける		親機で通話して受信
			受信したあと続けて通話する
			子機で受けて親機に受信
			子機で通話して親機に受信
ファックス情報サービスを利用する	メモリで記憶したものを出力する		
	ポーリング方式のとき		
	ガイダンス方式のとき		
コピーを取る	シングルモード		
	マルチモード		
留守電	トールセイバ		する・しない
	親機で		「留守」を設定する
			「留守」を解除する
			メッセージ（固定・自分で録音）
用件が登録されたら外出先に転送	用件転送を設定・解除する		
	転送先を登録		
	用件転送する回数を指定する		

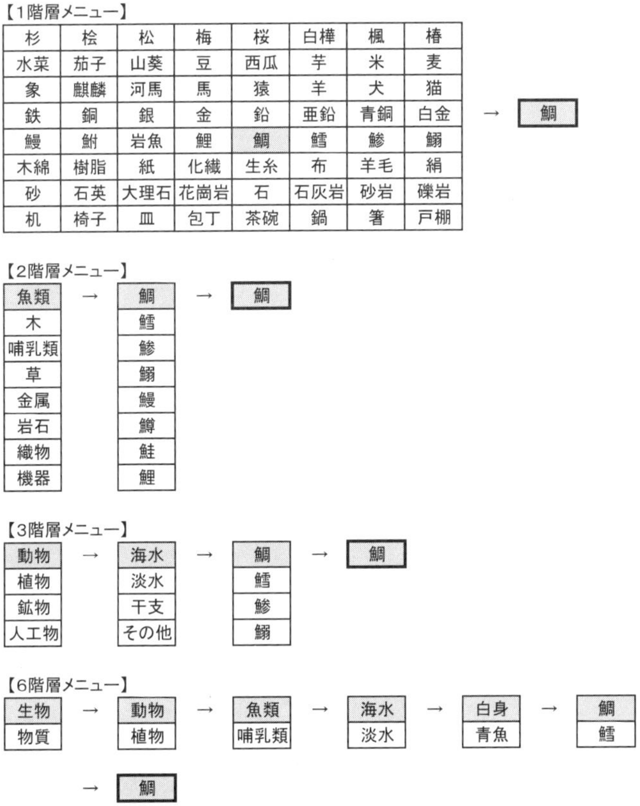

6.2. なぜわかりにくいのか

【1階層メニュー】

杉	桧	松	梅	桜	白樺	楓	椿
水菜	茄子	山葵	豆	西瓜	芋	米	麦
象	麒麟	河馬	馬	猿	羊	犬	猫
鉄	銅	銀	金	鉛	亜鉛	青銅	白金
鰻	鮒	岩魚	鯉	鯛	鱈	鯵	鰯
木綿	樹脂	紙	化繊	生糸	布	羊毛	絹
砂	石英	大理石	花崗岩	石	石灰岩	砂岩	礫岩
机	椅子	皿	包丁	茶碗	鍋	箸	戸棚

→ 鯛

【2階層メニュー】

魚類	→	鯛	→	鯛
木		鱈		
哺乳類		鯵		
草		鰯		
金属		鰻		
岩石		鱒		
織物		鮭		
機器		鯉		

【3階層メニュー】

動物	→	海水	→	鯛	→	鯛
植物		淡水		鱈		
鉱物		干支		鯵		
人工物		その他		鰯		

【6階層メニュー】

| 生物 | → | 動物 | → | 魚類 | → | 海水 | → | 白身 | → | 鯛 |
| 物質 | | 植物 | | 哺乳類 | | 淡水 | | 青魚 | | 鱈 |

→ 鯛

図 6.1　メニュー構造

ニューならば選択は楽になる．かといって，一番下のメニューのように6階層構造にして二者択一で選択していくメニュー構造では，一画面当たりの選択は楽になるものの，それを6階層も繰り返さなければならず，これも大変になる．選択肢の総数にもよるが，1回の選択肢数が一桁を超えない程度で，階層数をできるだけ減らすことがわかりやすいメニュー構造の条件になる．

このように，メニュー構造のデザインいかんによってもわかりやすさは変わってくるが，この例も含め自動化・多機能化した機器のわかりにくさの背景となる基本的な要因をまとめると，表6.2のようになる．

表 6.2　自動化・多機能化機器のわかりにくさの要因
(A:手動式石油ストーブ, B:全自動ファンヒータ(写真 6.2))

---

①ブラックボックス化：内部の機構や状況がユーザには見えない
　　(例)　A：熱を生む内部のしくみが見える
　　　　　B：熱風を噴き出すしくみがわからない
②操作イメージの貧困化：出力形式に依存しない単純な操作形態
　　(例)　A：内部の機構と直接つながるレバーやつまみの操作
　　　　　B：内部の機構と直接つながらない単純なボタン操作
③メンタルモデルとの不一致：しくみがイメージできない
　　(例)　A：火を点ける段取りがイメージできる
　　　　　B：熱風を生み出す機構がイメージできない

　それを説明するために，かつて一般的に使われていた手動式石油ストーブと，その後普及した全自動石油ファンヒータ（写真 6.2）を比較してみよう。前者のストーブを使った経験のある人は少なくなってしまったが，石油の浸み込んだ芯に押込み式の点火スイッチで火をつけ，回転ノブによる芯の出し入れにより火力を調整する。その原理や状況は直接ユーザが目で知ることができる。これに対し，後者のファンヒータでは内部構造がユーザにはまったくわからなくなっている。こういう状態になることを"ブラックボックス化"と呼ぶ。そのため，操作パネルの表示器により操作状況や燃焼状況を間接的に表示し，それに基づきユーザは指定されたボタンを押していくことになる。機械そのものの理解ではなく，一連のボタンの操作順序のみ理解するという，これまでにない操作方法が求められる。たしかにその方が操作自体は単純だが，機械の構造を知り得ないため，操作するボタンと機械内部との対応がイメージしづらくなる。これが 2 点目の"操作イメージの貧困化"である。つまり，このようなファンヒータを操作するのも，エレベータの目的階を指定するのも，スマートフォンに受信されたメールを呼び出すのも，すべて同じようなボタン操作になる。その結果，操作のための一連の動作から何を操作しているのか，そのイメージが希薄になり，それを操作しているという実感が低下する。そのことが，手動式では考えられないようなヒューマンエラー(次章参照)を起こす可能性を高め，

写真 6.2　手動式石油ストーブ（左）と全自動石油ファンヒータ（右）

あるいは一度覚えてもすぐに忘れてしまうことにもつながる。

　また，このストーブの例であれば，全自動石油ファンヒータは過去に手動式石油ストーブを使っていたユーザにとっては，メンタルモデルとの不一致が生じることになろう。メンタルモデルとは本来広い意味を持つが，ここでいうメンタルモデルとは，その機器を動かすためにユーザがあらかじめ抱いている方略や機器の構造，操作方法等のイメージである。この場合であれば，使ったことのある手動式石油ストーブの仕組みや操作経験が，ストーブを扱う際のメンタルモデルに反映されているが，全自動ファンヒータはそれとはまったく異なる方略を用いるため，過去のストーブに対するメンタルモデルがまったく役立たなくなる。むしろ，そのメンタルモデルが新たな操作の理解を邪魔する可能性もある。その知識や経験とは異なる操作方法となるため，特に新たな情報の理解や記憶を苦手とするユーザにとっては，それがわかりにくさの大きな要因となり得る。

6.3. デザイン改善のために

　わかりやすい操作方法や表示は，上述のようなディジタル機器あるいはインターネットのウェブ画面等では特に課題となっている。そのためのガイドラインもさまざま提案されている。ここでは，見やすくわかりやすいデザインを達成するために配慮しなければならない要求事項を表 6.3 に掲げた。

　今皆さんが持っているスマホやパソコン，タブレット端末などの情報機器や

第6章 わかりやすさをデザインする

表6.3 わかりやすさを高めるための画面デザインの要求事項例

［表示するキャラクター等］
- 文字，絵，写真等が見えるようにする
  （視力の低い人，高齢者への配慮等）
- 文字，絵，写真，用語等の意味がわかるようにする
  （初心者，子ども，外国人，文化の異なる人への配慮等）
- 用いる色やその組み合わせが見えるようにする
  （色の区別が困難な人，高齢者への配慮等）

［情報量］
- 一画面に含める情報量を適切にする
  （多すぎるとわかりにくい，少なすぎると画面の切換えやスクロールが煩雑になる）

［メニュー］
- 目的の項目がすぐに見つかるようにする
- 検索の途中で迷った場合は出発点にすぐ戻れるようにする

［ヘルプ］
- わからなくなった場合のヘルプ機能（マニュアルも含む）の設置

［その他］
- 機能制限のある人への対応ができる
  （片手しか使えない人，聴覚に頼る人への配慮等）
- 魅力的で使いたくなるデザイン
- 目や精神を疲れさせにくいデザイン

　その画面，あるいは家にある電子レンジやビデオデッキなど家電機器の画面デザインや操作方法は，ここに挙げられたような要求事項をクリアしたものになっていると思う。もちろん，それでわかりやすいデザインが完全に達成されるわけではない。6.2節でも紹介したように，機能の多さ，ブラックボックス化などの課題解決を図らなければならないうえ，対象ユーザの経験度やメンタルモデルとの相性などにも熟慮しなければならない。さらには，そうした機器や情報画面への親しみやすさや近づきやすさも重要なキーポイントになる。

6.4. 標識・サインのわかりにくさ

わかりにくさについては，IT機器の操作以外に，街中に掲げられた目的地などを示す標識・サイン類のデザインも大きな課題となっている。この章の前書きにもあるように，初めて訪れる場所で目的地がなかなか見つけられずに苦労することは皆さんもよくあることと思う。その多くは目的地を示す標識が見つけられなかったり，標識・サインの意味が理解しにくいことによる。大きな乗換駅や地下街，高速道路の分岐地点などでは特にそうした問題のある標識・サインが少なくない。

標識・サイン自体のデザインについては，特にユニバーサルデザイン（第9章）の浸透により，見やすく読みやすいものがデザインされるようになりつつある（写真6.3）。しかし，そうした優れたデザインの標識・サインが林立した空間では，まずそれをすぐには探せない，気づかないという問題が生じている。

例えば，写真6.3の空間のなかに"新幹線"乗場を案内するサインはどこにあるだろうか。正解は，左側手前の標識のなかにある。すぐに見つけた人は運

写真6.3　乗換駅の標識・サイン
（2014年時点。その後この場所の標識デザインは改善された）

第 6 章　わかりやすさをデザインする

写真 6.4　新幹線乗場を案内するサイン例

が良いといえるが，実空間ではこの写真のように一方向だけでなく，周囲 360°の景色のなかから求める標識を探さなければならないので，さらに困難であろう．

　さて，この新幹線乗場のサインを拡大したものが写真 6.4 である．図と地の反転を利用したり，新幹線の絵を入れることにより，見やすくわかりやすくなっている．しかし，それが写真 6.3 のように標識・サインが林立している空間内に置かれると，それを見つけることが難しくなる．この場所を初めて訪れた人の多くは，この実際の空間で新幹線乗場の標識を見つけることは至難の業である．

　写真 6.3 には実はもう 1 つ問題となる表示デザインがある．それは，近鉄乗場の方向を示す表示である．皆さんは写真のどこにそれがあるかわかるだろうか．それは，上記の新幹線乗場を示す標識の右隣の出口標識の中央に，"近鉄電車"と絵入りで表示されている．これも，上記の新幹線乗場の表示と同様，まずそれを探すのが難しいわけだが，この表示はそれ以外の問題も含んでいる．それは，その右にある矢印（→）の位置にある．この矢印の方向に従い右に行けば近鉄乗場へ行きつける．しかし，"近鉄電車"という表示と"→"の表示が離れすぎているために，人によっては"→"の存在に気づかない場合がある．あるいは気づいても，矢印が離れすぎているために"右へ行け"という指示ではないと解釈する人もいる．そのため，いずれの場合もまっすぐ進んでしまう．すると，先の例で示した新幹線乗場へ行ってしまうわけである．このように，

6.4. 標識・サインのわかりにくさ

(a)：すぐ下にボタンがある(優れた例) 　　(b)：ボタンはない。この柱の裏にある(問題のある例)

写真 6.5　非常通報ボタンの位置を示す標識例

ちょっとしたデザインの違いが多くの人々を迷わせてしまうことがある。

こうした情報が特に的確に伝わらなければならない対象は，非常時の案内サインである。非常時のサインは，見る人もあわてている場合が多く，その存在や意味を短時間かつ直感的に知らせることが鉄則である。

ある鉄道会社では，ホームに写真 6.5 のような"非常通報ボタン"の位置を示す鮮やかな色彩と大きな矢印型の目立つデザインの標識を設置していた（2014 年 10 月時点）。左の写真（a）を見ると，確かに非常通報ボタンがその下に設置されており，常日頃からそのボタンがここに設置されていることを乗客に知らせる優れた標識といえる。SOS と書かれた下には"電車に乗降の際，電車とホームの間に転倒する等の事態が発生したときはこの下のボタンを押してください。"と書かれてある（写真では小さすぎて見えない）。

この標識は良いのだが，それが設置された柱の裏にも一見同じ標識が設置されているのだ（右の写真（b））。しかしその下には非常通報ボタンらしきもの

第 6 章　わかりやすさをデザインする

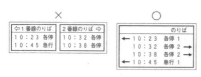

(a) 表示順序のレイアウト
乗客が第一に知りたいのは発車する列車の出発時刻であり，第二にその発車番線である．

(b) 進行方向が一定の乗り物の車体右側の表示
人間は文章を 1 字 1 字読むのではなく，あるまとまりの文字群をほぼ同時に捉えて読む．したがって，右から自然に読ませるのは無理があり，図案的にも得策ではない．

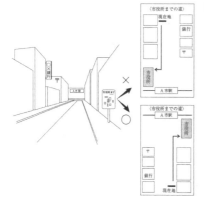

(c) 地図のレイアウト
実空間と地図の向きを一致させないと頭の中で地図を回転させなければならない

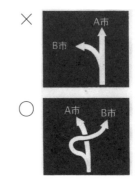

(d) B 市が A 市の右側にあることを知っているドライバーに上の様な表示をしたら，戸惑いを生じさせる

図 6.2　わかりにくさ回避のためのガイドライン例[1]

はどこにも見当たらない．しかも紛らわしいことに，そのすぐ側には火災報知器のボタンも設置されている．では，この標識のなかの"非常通報ボタンSOS"と大きく書かれた文字の下に何が書かれているのか．"電車に乗降の際，電車とホームの間に転倒する等の事態が発生したときは裏のボタンを押してください．"と小さく書かれてある．左の写真の標識の"下のボタン"が"裏のボタン"に変わっただけである．いざという時に，そこまで読めるだろうか．それ以前に，大きな矢印は紛れもなく真下を指し示している．右の写真（b）の標識が設置されたことにより，かえってボタンの発見を遅らせることにもなりかねない問題のある設置である．1 つの柱の表と裏に，優れた標識と問題の

ある標識が背中合わせに存在している例であった（その後，誤解のないよう変更された）。

こうした認知的問題の見られる標識・サインの例は他にもいろいろ見つけることができる。ただ，目的地を示す標識・サインの場合，現実には1人1人の目的地が皆異なり，すべてのニーズに対応するならば膨大な種類の標識・サインを掲げなければならなくなる。そうなると，上記の写真 6.3 が示すように標識・サインの林立となり，その存在に気づけなくなることにもなる。また，標識・サインを実際に掲示する前に，その有効性や問題点を吟味する"実験"が困難であり，一度設置した後は，仮に問題点が明らかになったとしても容易に変更することができない事情もある。そうした問題を解決するために，少しでもわかりにくさや誤解を回避する主な方策の例を図 6.2 に示す。

6.5. わかりやすさ，気づきやすさを高めるために

先述したように，標識・サインにかんしていえば，見やすさ，つまり感覚（視覚）機能への対応については，一般にデザイン改善が進んでいる。しかし，わかりやすさや気づきやすさ，すなわち認知機能への対応は，あまり進んでいないのが現状である。もちろん，認知機能だけでなく感覚機能の特性もあわせて考慮しながらデザインしていかなければ，優れた標識・サインは生まれない。そのためのデザイン原則を，ここでは"いつ・どこで・誰に・何を・どのように伝えるのか"，すなわちその 4W1H にわけて表 6.4 にまとめた。

①いつ：見る環境や状況が変われば，見やすさや気づきやすさも変わってくる。例えば，避難誘導表示のように，平常時はあまりうるさくならない表示にしたいところだが，非常時には第一に伝えなければならない。

②どこで：設置場所によりわかりやすさや目立つ度合いが大きく変わる。写真 6.3 にも挙げたように，周囲に情報が溢れている場合，誘目性の強いものが側にある場合には設置される位置や方向の配慮が必要である。また，駅の乗換え案内は通路の壁面表示や天井から吊り下げた標識でなされるはず，道路標識は路肩の数 m の高さに掲げられているはず，というように，その標識・サイン

表6.4　わかりやすい標識・サインのためのデザイン原則

①いつ：設置場所の環境変化に対応しているか
　　　　（昼／夜，混雑時／閑散時，通常時／非常時，など）
②どこで：設置場所の周囲の状況に対応しているか
　　　　（情報が溢れていないか，位置・方向は適切か，など）
③誰に：多様な人々に対応しているか
　　　　（外国人，子ども，視覚に頼れない人，初めての人，など）
④何を：伝えるべきことが明確に伝わるか
　　　　（用語の意味，絵文字の意味，誤解のない文章構成，など）
⑤どのように：適切な媒体・形式が用いられているか
　　　　（簡潔に伝える，視覚以外の手段の必要性，など）

が存在し得ると予想される場所を人々はある程度経験からイメージする傾向がある。これも先述のメンタルモデルの一種といえよう。そのため，そのメンタルモデルから外れた場所に設置してある場合には，それが目立つようにデザインされていても気づきにくい場合がある。

③誰に：情報の受け手にはさまざまな人々がいる。子供から高齢者まで，その場所に通い慣れている人から初めて訪れる人まで，あるいは視覚に頼れない人や車イスユーザ，日本語の読めない外国人なども含まれる。そうした多様な人々に等しく情報を提供すること，すなわちユニバーサルデザインが強く求められる（第9章参照）。

④何を：伝えるべき内容はさまざまあるが，デザインがよくなければ伝えたいものが伝わらず，標識・サインとして機能しないことになる。そのため，デザイン案の内容が明確に理解されているか，多くの人々の意見を収集することは必要不可欠である。デザイナーや設置者の思い込みで作り込んではいけない。

⑤どのように：標識／サインの形態で伝える情報は，事細かに説明した文章や詳細な図表で示すわけにはいかない。一般に短い時間に情報を伝えなければならない。そこで，伝えるべき内容を端的に表現する短い単語や記号，絵文字が用いられることが多い。道路標識はその典型例である。また，点字や音声案内

6.5. わかりやすさ,気づきやすさを高めるために

のように視覚以外の感覚を利用する表示か,あるいは標識・サインではない彫刻や目立つ建物などに本来の目的以外の目印機能を持たせて伝えるのか,さまざまな媒体や方式が状況に即して考えられる。

ユニバーサルデザインの浸透や国際化が進むにつれ,これら標識・サインのデザインの質を高めていくことが社会的にも強く要請されるようになった。現実にはまだ解決すべき課題もあるが,少しでも見やすくわかりやすいデザインに高めていくためには人の認知機能の特性をさらに理解していく必要があり,それは人間工学の重要なテーマの1つでもある。

次の章では,こうした認知機能が大きくかかわる課題として,人が犯すエラーや事故と,それを防ぐための方策を考えていこう。

【コラム⑥-1】絵文字による標識・サインのいろいろ

公共空間に設置される標識・サインには絵文字が使われることが多い。それは,子どもやその国の文字の読めない外国人にとって便利なだけでなく,一般に文字よりも絵の方が直感的にわかるためでもある。当然,その絵は大部分の人がその意味を理解できることが前提となるが,そのためには設置する国や地域の文化,年齢層などにかんする事前の調査も必要になる。

また,同じ意味を伝えるための絵文字のデザインが異なっている場合には認知しづらくなることがある。そのため,一般的に用いられる絵文字の標識・サインの多くは国際的または自国内で規格化されている。図 6.3 もそうした標識・サインの例であるが,そこに示されているように世代により理解度が低いものも多い。横軸に学生の理解度,縦軸に高齢者の理解度がとられ,それぞれの理解度により配置されているが,全体的に高齢者の理解度の低いことが表れているだけでなく,理解度の世代間格差の大きい標識・サインも少なくない。そのなかでも,案内所を示す"i"のサイン(英語の"information"の頭文字から図案化されている)の理解度が,高齢者も学生も最下位である。わからないから訪ねたい場所のサインがもっともわかりにくいとは,何とも皮肉なこと

第6章 わかりやすさをデザインする

○ 高齢者と学生のピクトグラム理解度

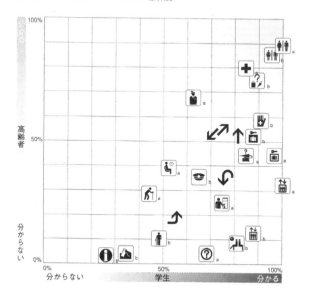

図6.3 規格化された公共の標識・サインの例とその理解度[2]

である。

参考文献
1) 伊藤謙治, 桑野園子, 小松原明哲（編），岡田明：人間工学ハンドブック　公共表示・標識，pp.751-752, 朝倉書店，2003
2) （財）共用品推進機構：高齢者にわかりやすい駅のサイン計画，pp.50-51, 都市文化社，1999

【ブックガイド】

・「誰のためのデザイン？　認知科学者のデザイン原論」，ドナルド・ノーマン・野島久雄（訳），新曜社，2013.

　初版は1990年だが当時評判となり，今も版が重ねられている良書。認知人間工学に反するデザイン事例も数多く紹介されており面白い。

第Ⅰ部：基礎編

第7章　人はエラーを犯す動物である
　　　　—ヒューマンエラーと安全設計

　スマートフォンから友達に電話しようとしたが，番号を押し間違えて他人にかかってしまった。学校の帰りにコンビニで牛乳を買うよう頼まれていたのに，うっかり忘れてしまった。3コマ目の授業に出ようとして，314講義室に入ったが時間になっても誰も現れないため，再度確認したら214講義室の誤りだった。

　我々は日常生活においていろいろなエラーを生じさせる。勘違い，度忘れ，し損ない，ドジな行動，・・・。皆さんもご自分が最近犯したエラーを数えたらきりがないかもしれない。エラーを犯さない人間なんてまずいない。逆にいえば，エラーを犯すからこそ人間であり，人間関係を円滑にするものでもある一方，自分自身を大きく落ち込ませたり，他人に迷惑をかけるエラーがある。もちろん，絶対に犯してはならないエラーもある。それは事故に結びつくエラーである。交通事故や機械の誤操作による事故，医療ミスなど，人が作り出したモノの使い方を誤ることにより，その当事者あるいは他人の生命や財産を脅かす事故は当然避けなければならない。

―――― キーワード ――――
ヒューマンエラー，事故，安全設計

7.1.1つの誤りが大きな影響を生む

まえがきや第1章でも述べたとおり，人はさまざまなエラーを犯す。人が犯すエラーを"ヒューマンエラー"と呼ぶ。自他ともに笑えるようなエラーならよいが，事故の要因となるようなエラーは避けなければならない。そうしたエラーの低減は人間工学が目指すことの1つである。モノの安全性を確保するためには，少なくともこのヒューマンエラーを生じさせにくくすることが追及されなければならない。そのため，ヒューマンエラーにかんする研究はかなり以前から行われてきたが，近年その重要性はより高まりつつある。その背景として，次の2つのことが挙げられる。

①システムの巨大化
②大量生産，情報ネットワークの発達

このうち①は，1つの誤りが多くの人命にかかわる重大な影響を及ぼしかねず，その影響が及ぶ範囲が拡大しつつあるということを意味する。その典型的な例が航空機事故であり，原発事故である。
②も，1つの誤りが不特定多数の人々に不利益な結果を及ぼす危険性を増加させるというリスクをはらんでいる。例えば，大量生産品の欠陥商品が出回ることや，通信回線のトラブルなどがその典型例である。
いずれも，その多くはモノの設計・製造時のエラーや使用時のエラーがその引き金となっている。

7.2. 生活機器の事故事例

こうしたヒューマンエラーによる事故は我々の日常生活でも生じている。特に，普段の生活で使う生活機器の事故の2割以上は製品に起因しない事故，そのうちの死亡事故の3割以上は使用者の誤使用・不注意によるものといわれている（図7.1）。

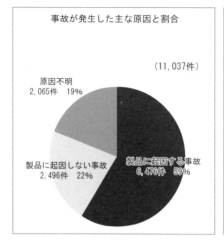
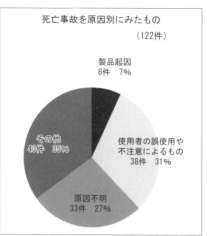

図 7.1　生活機器の事故原因[1]

そこで，いくつかの事例を概観してみよう。いずれも実際に報告された事故である。

＜事例1＞　ガスコンロ
・事故：住宅が全焼し，家人がやけどを負う
・原因：天ぷら鍋をかけたままその場を離れ，鍋の油が加熱して発火
・なぜ現場を離れるのか？
　→玄関に人が訪ねてきたり，隣室の電話が鳴り，その場を離れ，さらに天ぷらをしていたことを一時忘れてしまう

＜事例2＞　IHヒーター
・事故：天ぷら鍋の油が発火
・原因：鍋底が平らでないものを使ったため，温度センサーが温度を正確に測れず異常加熱した（図 7.2a）
・なぜそのような鍋を使ったのか？
　→IHヒーターの構造を使用者が理解していなかった

7.2. 生活機器の事故事例

＜事例3＞　カセットコンロ
・事故：カセットボンベが爆発して使用者が負傷
・原因：コンロに面積の広い鉄板を置いたため，鉄板の熱が直下のカセットボンベに伝わり加熱された（図 7.2b）
・なぜそのような鉄板を使ったのか？
　→一度に多くの肉や野菜を焼こうと考えたため

＜事例4＞　電子レンジ
・事故：食品加熱中に食品から発煙したので，扉を開けたら発火してやけどを負う
・原因：所定の加熱時間を超えた加熱により発煙，扉を開けることにより酸素が供給されて発火

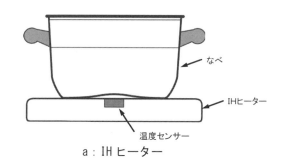

a：IH ヒーター

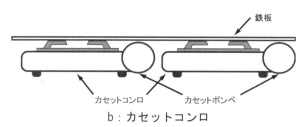

b：カセットコンロ

図 7.2　事故に結びついた要因

・なぜ開けた？
　→早く煙を消そうと考えたためのとっさの行動

＜事例5＞　電気ポット
・事故：電気ポットを使用中に電源コードがショートして火災，住宅の一部焼損
・原因：電源コードを束ねた状態で長期間使用したため過熱してショート
・なぜ束ねた？
　→コードが邪魔，整理整頓するため

＜事例6＞　ガス湯沸器
・事故：湯沸器を使っていて一酸化炭素中毒のため数名が倒れた
・原因：長期間使っていたため機器内部に埃やススが溜まり不完全燃焼を起こした。機器がそれを感知して自動的に火は止まったが，使用者が再使用したため，不完全燃焼が繰り返された
・なぜ再使用した？
　→いったん止まってしまったが，なぜか再び使えるようになったため

　上記の6つの事例に記載された"なぜ～"は，実際に報告された内容，あるいは人間の行動特性に基づいて推測したものである。いずれの事例も皆さんが犯しかねないことではないだろうか。
　まず，事例1のガスコンロでの天ぷら火災でいえることは，人が何かをしている際に別の事柄（これを"外乱"と呼ぶ）が入ってくると，そちらに気をとられ，それまでやっていたことへの注意が低下したり，忘却してしまうという人の特性を反映している。実際，実験をしてみるとたしかにその傾向のあることが示されている。
　事例2や3のIHヒーターやカセットコンロの例は，機械に対する知識不足がその原因となっている。IHヒーターの場合，火が出ないため，従来のコン

7.2. 生活機器の事故事例

ロを使うよりも一見火災や火傷の危険性が減少するようにみえる。しかし，使い方や構造の知識を正しく持っていないと，このようにトラブルを引き起こしてしまう。ちなみに，なぜ火や高熱を発する部分がないにもかかわらず食品の煮炊きができてしまうのかご存知だろうか。考えてみれば実に不思議である（コラム⑦参照）。カセットコンロの例も，構造に対する認識不足が原因だが，大勢の人たちで焼肉パーティをする場合，一度に大量に焼きたいというニーズが勝ってしまったのかもしれない。

　事例4の電子レンジの例は，無理からぬとっさの反応ともいえる。もし皆さんが電子レンジで食品を温めている時に煙がモクモク出てきたら，大部分の人は同じ行動をとったと思われる。しかし，それが逆に爆発的な発火を引き起こす結果になる。

　事例5の電気ポットの例は，電源コードを束ねて使用したことが原因だった。しかし，同じことをしている人も少なくないと思われる。コードを束ねるということはコードの無理な折り曲げや捻じれによる断線あるいは加熱等の原因につながる。電気ポットに限らず，ヘアドライヤーや電気ストーブなど，特に電力を多く使う電気製品のコードではその危険性があり，やってはいけないとマニュアルにも書かれているはずである。

　事例6の湯沸器の事故も，1つの象徴的な事態を示している。すなわち，その湯沸器は不完全燃焼を感知して止まり，しばらくするとその状態は解消されるので再び動かせる状態になる。つまり，機械は正常に働いていたわけである。しかし，使用者からみれば，突然機械が止まり，何度か再起動をかけているうちになぜかわからないが自然となおってしまったことになる。すなわち，機械の状態が使用者に的確に伝わっていなかったことがそもそもの原因といえる。皆さんも普段使っている機械が突然止まり，叩いたり揺り動かしたりして再び動き出したら，止まった原因を確かめることなく，またそれを使い続けるのではないだろうか。

　以上の6つの事例に共通する，事故を誘発する人間側の特性をまとめたものが表7.1である。

第7章 人はエラーを犯す動物である

表7.1 生活機器の事故に共通する人間の特性

- 注意が長続きしない（事例1）
- 機器の構造を理解しない／マニュアルを見ない（事例2, 3, 5, 6）
- とっさの行動と正しい対処法が一致しない（事例4）
- 機能しない時があってもその原因を突き詰めない（事例6）

ここに挙げたいずれも使用者自身がモノを使う際に気を付けるべきことであるが，モノをつくる側もこうした使用者の特性を考慮した設計が必要となる。

7.3. ハインリッヒの法則とスイスチーズモデル

上述のような小さな事故も，多くの人が亡くなるような大きな事故も，何の前触れもなく突然起こるケースは稀である。これまでのさまざまな事故の分析から，それらに共通する事故を特徴づけるモデルが出されているので，それを紹介しよう。

その1つが"ハインリッヒの法則"である（図7.3）。これは，アメリカのハーバート・ハインリッヒが労働災害事故を統計的に分析した結果導いたもので，事故に至る深刻さの度合いが階層構造になる1つのモデルである。

もちろん，1つの大きな事故の背景に正確に29のトラブルや軽微な事故，300ピッタリのヒヤリ・ハット（ヒヤッとしたことやハッとしたこと）が常に対応するというわけではない。何か1つの事故が起こると，実は事故には至らなかったトラブルはそれの数十倍生じており，さらにトラブルにも至らなかったヒヤリ・ハットがそのさらに1桁多い数は平均して起こっているということを意味する。

たしかに，実際に生じた痛ましい事故でも，後で調べてみるとこのような法則に似た傾向があったとされる。逆にいえば，事故を未然に防ぐためには，そのもととなるトラブルを1つ1つ潰していくこと，さらにそのトラブルを潰していくためには，そのもととなるヒヤリ・ハットが生じないように手立てをす

7.3. ハインリッヒの法則とスイスチーズモデル

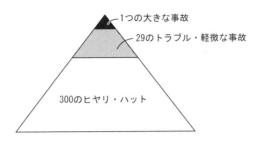

図 7.3　ハインリッヒの法則
1 つの大きな事故の背景には 29 のトラブルや軽微な事故，そして 300 のヒヤリ・ハットがある

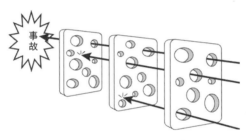

図 7.4　スイスチーズモデル

ることが必要であることも意味している。実際にはそれだけで事故を完全になくすことは難しいが，少なくとも事故を減らす有効なやり方ではある。

　もう 1 つのモデルが"スイスチーズモデル"である。ここでいうスイスチーズとは，穴あきチーズのことである。そのチーズのスライスを何枚か重ね，一番端のスライスのどこかの穴から向こうを覗くと，たいてい次のスライスのチーズ本体が見えている（図 7.4）。別の穴から覗くと，たまたま次のスライスの穴と重なり，3 枚目のスライスの本体が見えることもあろう。なかにはすべてのスライスの穴が一致してしまい，その向こうの景色まで見えてしまうことも確率的にはあり得る。その際，チーズのスライス 1 枚 1 枚が事故防止の対策に例えることができる。また，そこにある穴が対策の抜け穴や事故の要因に例

109

えられる。そして，すべてのチーズスライスの先に事故があるとするのが，このモデルである。

すなわち，事故は1つの要因だけで起こる訳ではなく，さまざまな事故誘発の要因や事故防止策の抜け穴が不幸にも重なったために起きるという特徴を示したものがこのモデルである。

こうした特徴は過去に起きた大惨事にも見ることができる。例えば，1992年にネパールで起きて大勢の乗客乗員が死亡したハイテク旅客機の事故などはその典型である。ボイスレコーダ，フライトレコーダ，そして管制塔との交信記録等の分析から，次のような事故に至るプロセスと直接・間接の要因が推定されている。

目的の空港に着陸しようとした旅客機に小さなトラブル(フラップが出ない)が発生したこと。そのために着陸のやり直しをするべく管制塔との交信を何度も試みるが，経験の浅い管制官とうまく意思疎通が図れなかったこと。その一方で，進路変更の最中，旅客機はなぜか空港を越え危険な山岳地帯に向かってしまったこと。当日は悪天候のため視界不良だったこと。空港には飛行機を追跡するレーダーが装備されていなかったこと。そうした個々の出来事が不幸にも重なり続けた挙句，旅客機は山岳地帯の山に激突してしまうという最悪な結果に終わる。直接の原因は，旅客機が山岳地帯に入り込んだことにあるが，その原因として機長が自動操縦装置への方向入力を間違え，そのまま正しい方向に進んでいると思い込んでいたと推測されていたり，方向を示すディスプレイデザインに問題のあったことなども指摘されている。しかし，いずれにしても上記の個々の出来事のどれか1つでも生じていなければ，最悪な事態は避けられていたはずである。

大事故においては，1つの要因が唯一すべての原因になることはあまりなく，この例のようにさまざまな要因が直接・間接に絡み合い，まさにスイスチーズモデルの事態が生じる。

これほど稀な"不幸な重なり"ではなくても，このようなことは常に起こり得る。例えば，自動車を運転する際は，むろん前を見ていないといけないが，

常に前を見るだけでなく，適宜スピードメータで速度や，バックミラーで後方の自動車も確認しなければならない。たまたま，バックミラーを見ている時に道路脇から人が飛び出してきた場合は，まっすぐ前を見ている場合よりもブレーキをかけるのが遅くなり，事故に至る確率は高くなるだろう。事故を起こさないためには，その要因の1つ1つを排除していくことが必要だが，それとともに，それら要因同士が重ならないようにすることも重要である。

7.4. エラーはなぜ生じるのか

このように事故の背景にはさまざまな要因があり，その多くはヒューマンエラーが介在している。では，なぜ人はエラーを犯すのだろうか。

それを論じる前に，ヒューマンエラーにはいくつかのタイプがあるので，まずそれらを挙げよう（表7.2）。いずれも敢えて補足説明は不要であり，我々がよく犯すエラーである。

さて，こうしたエラーがなぜ生じてしまうのか，その要因として考えられるものはさまざまある。その主なものを表7.3に示す。そのほとんどは心当たりがあるのではないだろうか。

その冒頭に挙げた"疲労"だが，我々は疲れてくると仕事のスピードが遅くなるとともにエラーが生じやすくなる。また，ヒューマンエラーが生じやすい要因として，油断やたるみなど，すなわち"低すぎる緊張"があることは誰でも経験がある。これは，特に使い慣れているモノに対して，あるいはベテランが犯しやすい傾向がある。逆に，"高すぎる緊張"もエラーが生じる要因となる。

表7.2　原因からみたヒューマンエラーの種類[2]

①人間能力的にできないという「無理な相談」「できない相談」
②取り違い，思い違い，考え違いなどの判断の「錯誤」
③し忘れなど，記憶の「失念」
④その作業を遂行する能力，技量が不足している「能力不足」
⑤すべきことを知らない「知識不足」
⑥手抜きや怠慢などの「違反」

第 7 章　人はエラーを犯す動物である

表 7.3　ヒューマンエラーの主な要因

a. 疲労	運動機能の低下，感覚・認知機能の低下
b. 低すぎる緊張	油断，たるみ
c. 高すぎる緊張	あがる，パニック
d. 時間的切迫感	あせり
e. 知識・理解不足	知らなかった，わからなかった
f. 技量不足	うまくできなかった，失敗した
g. 情報不足	気づかなかった
h. 人間関係の悪さ	伝達の誤解，相互不信

　皆さんも学芸会やスポーツ大会など大勢の人々の前で日頃の成果を発揮する際にあがってしまい，うまくいかなかった経験があるかもしれない。これと似た状況に"時間的切迫感"，いわゆる"あせり"もある。"急いては事を仕損じる"ということわざにもあるとおり，実際のヒューマンエラーやそれによる失敗の多くもこのことが関与している。時間的に切迫してくると，緊張感がこうじるだけでなく，同時に処理しなければならないタスクが増え，それらに注意が分散してしまうこともその要因となる。"知識・理解不足"や"技量不足"もエラーの原因として認められるものである。新米や初心者がエラーを犯しやすいことは，スポーツやビジネスの世界でも共通している。また，"情報不足"のように，必要な情報が欠けていると正しい判断のための材料が揃わず，エラーに導かれることもある。例えば，トラックなどの大型車両が左折する際に，すぐ左横にいた自転車や歩行者を轢いてしまう左折事故が起きている。これは，その位置がドライバーからの死角になりそこにいた人が見えない，見えないということは情報がない，情報がないということは存在しないことと認識されてしまい，事故に至る例である。

　そうしたヒューマンエラーのさまざまな要因のなかで，最後の"人間関係の悪さ"が挙げられているのは意外に思うかもしれない。つまり，上記の飛行機事故の要因として挙げられていた機長と管制官とのコミュニケーションがうまくとれなかったことなどの情報伝達の不備や誤解をはじめ，お互いに相手を信頼していない関係や，逆にお互いに相手に依存しすぎる関係など，人間関係は

さまざまなタイプのヒューマンエラーの要因となり得る。ただし，当事者同士が単にお互いを信頼していれば済む話でもない。特に複数の人間が共同で事を行う場合は，各自の役割分担を明確にしたうえで，お互いが行う行為を尊重しつつお互いに確認し合うダブルチェックを実施することがエラーの低減に重要である。たとえ，そのメンバーのなかに上司と部下など職階上の上下関係があったとしても同様である。上司がいったことは間違っていると思いつつも従わざるを得ない状況など，上下関係が円滑なコミュニケーションを妨げるならば，エラー発生の可能性は高くなる。

7.5. ヒューマンエラーを防ぐ対策

では，人間が犯すこうしたエラーをどのように防いでいけばよいのだろうか。特にエラーを犯しにくいモノや仕組みをデザインすることは，人間工学の重要な目的の1つである。

端的にいえば，表7.3に挙げたヒューマンエラーの要因を潰していく方策ということになる。そのためには，大別すると"モノからのアプローチ"と"人からのアプローチ"がある（表7.4）。

まず，モノからのアプローチはいずれも人間工学が取り組むべきハード的な対策である。①の優れたヒューマンインタフェースとは，第1章でも紹介したとおり（コラム①-2），人と機器などの接点，すなわち操作具やディスプレイ

表7.4　ヒューマンエラーへの主な対処

＜モノからのアプローチ＞
　①優れたヒューマンインタフェース
　②フェイルセーフとフールプルーフ
　③禁止，警告・注意表示
＜ヒトからのアプローチ＞
　④休息
　⑤余裕のあるスケジュール
　⑥並行タスクの回避，注意分散の回避
　⑦教育，訓練，士気の高揚
　⑧チームワーク
　⑨エラーの報告と共有

などを操りやすくわかりやすくするという意味である。そうしたインタフェースは，操りにくくわかりにくいインタフェースに比べ，疲労は生じにくく，操作し損なうことも少なくなることが期待できる。そのため，特に自動車や航空機など，ヒューマンエラーが事故に結びつく可能性の高い機械では，人間工学によるヒューマンインタフェースの質を高めることが追及されている。

②のフェイルセーフ（Fail Safe）とは，その英語が示すとおり，失敗しても安全が確保されるように設計することを意味する。例えば，操作を誤っても機械が暴走しないようにしたり，消し忘れても時間が経てば自動的にOFFになる電気ポットなどがそれに当たる。また，フールプルーフ（Fool Proof）のフールとは馬鹿者，プルーフは耐えること，すなわち馬鹿な使い方をさせない，あるいは間違えようがない設計を意味する。例えば，電池ボックスに電池の＋と－を間違えて逆に入れるエラーはあり得るが（図7.5左），そもそも逆に入れられないように電池ボックスを設計すれば（図7.5右），それはフールプルーフ設計になる。その他にもドアが全部閉まらなければ発車できない乗物や，電源が完全に切れないと電気回路が開けられない機械などもフールプルーフ設計である。このような安全設計の方法には，複数の対応策を備えることによりシステム全体の信頼性を高める"冗長性設計"などもある。

③の禁止や警告・注意にかんする表示は実際にさまざま存在する。図7.6は皆さんもお馴染みのものであり，ISO（国際規格）やJIS（日本工業規格）でも定められている。これらは人の目に留まらなければならず，その意味が大多数の人々に理解されやすいものでなければならない。そのため，そのデザイン

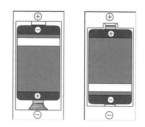

図7.5　電池ボックスのフールプルーフ設計

7.5. ヒューマンエラーを防ぐ対策

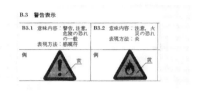
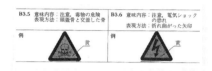

図 7.6 警告・注意表示の例[3]

や設置位置は重要な考慮事項であり，人間工学の観点からも改善がなされつつある。しかし，まだ改善の余地のあるものも残されている。例えば，字の読めない幼児の警告・注意表示の理解度は低いが，少しのデザイン改善でその理解度は大幅に高まることもある（図 7.7）。

次の人からのアプローチの多くは，表 7.3 に掲げたヒューマンエラーの主な要因の裏返しになる。すなわち，エラーの要因になる疲労に対しては④の休息がその解消策となる。当然のことではあるが，1日の中での休息の回数や1回当たりの休息時間，1週間のなかでの休息の取り方などは，仕事の質や量により異なり，その適切な設定方法は労働科学や産業人間工学などの分野で考えられてきた。また，⑤の余裕のあるスケジュールもヒューマンエラーの元凶である"時間的切迫感"の回避には重要な要素である。ただ，現実の職場などでは，限られた人材や経費のなかで効率的な仕事の成果を挙げていかなければならないため，それほど余裕をとることは難しいのが現状である。また，余裕を取りすぎると，緊張感の低下にも繋がり，その適切な設定には深い考慮が必要になるだろう。

⑥の並行タスクの回避／注意分散の回避は，7.2 節で紹介した事例1の天ぷら火災の例がそれに当てはまる。天ぷら鍋をかけたまま別の要件が生じてその

【高温注意】

抽象的から具体的デザインへ

20%　→　60%

【手を入れるな】

指を通し，矢印挿入

40%　→　73%

【口に入れるな】

口を大きくして，涙挿入

38%　→　73%

【段差注意】

片足を地面に付ける

27%　→　58%

【滑面注意】

地面を表す線を入れる

38%　→　67%

【走るな】

躍動感とスピード感のイメージに

55%　→　67%

図 7.7　子どもが理解しにくい警告表示とその改善デザイン例[4]
3〜5 歳児男女 19〜43 名を対象とした理解度調査
(各警告表示の左側は JIS で規定されたデザインとその理解度 (%)，右側はその改善デザイン案とその理解度 (%) を示す)

場を離れてしまったことがその原因となっているが，人は異なることを同時に行おうとすると，どうしてもどちらかの注意がおろそかになる。それを防ぐためには，同時に行わなければならない作業をできるだけ避けるスケジュールや仕事の運用が重要となる。

さらに，知識・理解不足，技量不足を解消するためには，当然のことながら⑦に示すように，その作業についての教育や訓練を十分行う必要がある。また，やる気を高める配慮も重要である。その作業に対する意欲や士気が高い場合は，嫌々ながらやる場合に比べ，エラーの出現は少ない。

⑧のチームワークづくりは複数の人間で作業を行う場合は必要不可欠である。これもヒューマンエラーの要因としての人間関係の悪さに対応する方策である。各メンバーの役割やお互いの意思疎通を明確にするのはもちろんのこと，メンバー間の信頼関係を培うこともヒューマンエラーを抑えるためには重要である。

そして，最後の"⑨エラーの報告と共有"は，あまり馴染みのない方策かもしれない。これは，航空会社が以前から採用しているシステムの1つである。例えば，パイロットが事故には至らないエラーを犯したとしよう。その場合，普通であればパイロットは自分の技量の評価や勤務評定にも影響するため，そうしたエラーを生じさせたことはひた隠しにしたいところである。そこで，勤務評定等の評価に使わないという条件で，もしそうしたエラーがあった場合には積極的にそれを匿名により自ら報告させ，そうした情報を関係者間で共有するのがこのシステムである。そうすることにより，こういう状況下ではこのようなエラーが生じる可能性があるなどの知識や情報を皆が携え，安全に繋げていくことができる。こうした方策はその後，医療の現場にも一部導入されている。

7.6. ヒューマンエラーといかに付き合うか

以上のように，人が犯すエラーにはいろいろなものがあり，その要因もさまざまである。また，それを防ぐ方策も多くの視点から考えられつつある。それ

第7章 人はエラーを犯す動物である

にもかかわらずヒューマンエラーは生じ，時としてそれが重大な事故に結びつくこともある。いくら事故防止の対策をしても，それを完全にゼロにすることは困難である。しかし，限りなくゼロに近づけることは可能である。

何かヒューマンエラーを原因とする事故が生じた場合，そのエラーを犯した人が罰せられ，それで事故が一件落着となる。交通事故の多くはその典型であろう。しかし，基本的に人はエラーを犯す動物である。その人を罰しただけでは，同じようなタイプの事故がまた起きる可能性がある。そうではなく，なぜその人は事故に結びつくようなエラーを犯したのか，それがどのようにして事故に結びついたのかを究明していくことが肝心である。それにより，エラーのもとになるものが明らかになれば，それを事前に摘み取ることにより，それと同じタイプのエラーを生じさせない，あるいは減らすことができる。また，そのようなヒューマンエラーを起こさせないための対処を継続していく努力も必要である。

人間工学は，そうした課題に向けてさまざまな取組みを続けている。

次の章では，これまで紹介してきた寸法，運動機能，感覚機能，そして認知機能に共通する疲労とストレスのテーマをとりあげよう。

【コラム⑦-1】電子レンジやIHヒーターはなぜ火がないのに調理できるのか

皆さんはその疑問に答えられるだろうか。おそらくほとんどの読者はその理由を知らない。別に知らなくても，それらをうまく使いこなすことはできてしまう。

電子レンジの原理を簡単にいえば，ある周波数の電磁波（マイクロ波）を食品にあてることにより，食品中の水分子が反応して熱を出す（摩擦熱に例えられるが実際はより複雑な原理がある）ことを応用している。IHヒーターの原理も一言でいえば，ヒーター内部のコイルに高周波電流を流すことにより，その周囲に磁力線が生じ，それがその上の鉄鍋にうず電流を発生させ，その電気

抵抗により発生した熱を利用している。これ以上の説明は長くなるうえ本書の趣旨とは外れるのでここまでにとどめておくが，人間工学の視点から，これら調理器具でのヒューマンエラーによる事故は，1つの教訓を我々に与えている。それは，まったく新しい原理に基づく機器の安全対策は，安全装置などの物理的対応だけでなく，ユーザの認知特性を考慮した対応も重要であるということだ。

まったく新しい原理の機器といえども，例えば電子レンジやIHヒーターを初めて使う時，ユーザはそれ以前に使っていた電気式オーブンやガスコンロのメンタルモデル（6.2節）を抱いており，それをもとに新しい機械を理解しようとする傾向にある。少なくとも，電子レンジやIHヒーターが普及し始めたころは，そうしたメンタルモデルとのズレが事故につながるケースも生じている。7.2節で紹介した事故事例もその1つにあたるといえる。

今後，さらなる新しい原理に基づく機器がさまざまな場面で登場するかもしれない。そうした機器のヒューマンエラーをなくしていくためには，そうした機器に直面するユーザがそれをどのように認知しているのかをよく捉える必要があろう。

参考文献
1) （独）製品評価技術基盤機構：製品事故から身を守るために＜見・守りハンドブック 2013＞, pp.4, 2013.
2) 小松原明哲：ヒューマンエラー, pp.17, 丸善, 2004.
3) （財）日本規格協会：JISハンドブック　製品安全, pp.91-92（JIS29101）, 1996.
4) 山本直史，岡田明：子供の理解度に基づく警告絵文字のデザイン要素に関する研究, 人間生活工学, 12（1）, pp.45-50, 2011.

【ブックガイド】

・「超入門　ヒューマンエラー対策　事例から見たミス防止の実際」, 中田亨, 日科技連, 2012.

ヒューマンエラー防止策等について，事例を交えながら分かりやすく解説されている。エラーに対する誤解についても紹介され，興味深い本である。

第Ⅰ部：基礎編

第8章 ストレスは悪者ではない
―疲労・ストレスと快適性デザイン

「このところ疲れが溜まっているせいかやる気が出ないよ」，「あの先生の顔を見るだけでストレスなんだ」・・・。よく耳にしそうな日常会話である。疲労もストレスもこのように悪者扱いされ，快適であることの対極に置かれる。

そもそも人間工学の目的の1つとして快適なモノのデザインがある。その点でいえば，少しでも疲労やストレスを生じさせないようにすることが重要といえる。これまでの章でもそれを前提とする話をしてきた。しかし，本当にそれだけでいいのだろうか。

この章では，こうした疲労とストレスの問題を取り上げよう。モノをつくったり使う上で，これらは考えるべき重要なテーマとなる。なぜかは，次ページ以降をご覧いただきたい。

キーワード
疲労，ストレス，適応

8.1. 疲労は心身を守る安全弁

　もし，疲れを感じない心や体が得られたらどんなに素晴らしいことだろう。そうすればマラソン大会でいつも優勝することができるかもしれないし，いくら勉強しても疲れないからテストで常に100点を取ることだってできるかもしれない。しかし，疲れを知らずにいつまでも走り続ける，あるいはいつまでも勉強し続けるならば，筋や神経系，循環器系などはやがて破たんをきたし，肉体や精神自体を壊してしまう。通常はそうなる前に疲労という現象が生じ，運動や勉強がそれ以上続けられなくなる。それにより結果的に心身をもとの状態に戻すことができる。すなわち，疲労は決して悪い現象ではなく，心身を守る安全弁の役割をしていると捉えることもできる。もちろん，上述のように疲労が生じるから続けられなくなるというより，続けられなくなることを疲労と称しているのであるが，疲労を的確に捉え，対応を適切に行わないと，過労や疾患などさまざまなかたちで，本当に心身の状態を悪化させてしまうこともある。

　一般に，次の3つの状態のいずれかが生じると"疲れた"とみなされる。

①疲労感
②作業成績の低下
③恒常性の乱れ

　このうち①は疲れたという感覚そのものである。第4章で紹介した内臓感覚の1つとして，心身の疲労を反映した感覚である。②は上のマラソンの例のように，疲れてくると走る速さが遅くなったり，勉強していてもその進度が低下しエラーも生じやすくなることでわかる。③の"恒常性の乱れ"とは，我々の心身の生理的な働きは外界の環境が多少変わっても常にほぼ一定の状態を保とうとするが(恒常性の維持)，その平衡状態が変化をきたすことである。例えば，心身の活動を持続するためのエネルギーが枯渇してきたり，心身の活動の持続により老廃物の蓄積や正常な代謝が次第に滞るなど，通常の状態とは異なってくる。こうした現象も疲労にあたる。

また，疲労はさまざまな部位に現れ，その状況は多様であるが，それらに共通する特徴もある。それは，疲労が生じると，それを続けようとする意欲が減退することである。疲れたからやめたくなることは，我々が常に経験することである。このことが，安全弁としての機能を果たすことにもつながる。そして，休息により疲労は解消し，心身をもとの状態に復帰させることができる。

しかし，疲労が生じても作業を無理に継続させたり，あるいは休息を十分とらないことを続けることにより，上で述べたようにそれこそ心身を壊してしまうことにもなる。また，気をつけないと一見軽微な作業の持続でも，本人が意識しないうちに徐々に疲労が蓄積していく場合もある（第1章トピック②の事例など）。

8.2. 疲労を測る

そのため，人が働く際にはそれに伴う疲労の度合いを測ることが重要になってくる。また，疲労しにくいモノや環境をデザインする際にもそうした疲労の評価は必要になる。それゆえ，人間工学でも疲労の測定と評価は大きなテーマの1つとなっている。疲労は測れるのである。

ただし，これを測れば疲労の度合いがただちにわかるという唯一の評価指標は存在しない。そこで，複数の指標から疲労を総合的に判定することになる。その主な測定指標を表8.1に示す。

①の主観的評価は，疲労またはそれに関連する症状や感覚をアンケート形式で答える方法がその主なものである。その例として一般的に用いられているものの1つが，"自覚症しらべ"（図8.1）である。これは疲労にかんする症状を得点として集計し，その大小で疲労の変化を捉えようとするものだが，皆さんは今合計何点になるだろうか。ただし，何点以上であれば"かなり疲れている"，何点未満だったら"疲労とはいえない"などの絶対評価はできない。例えば，仕事を始める前は何点だったが，仕事が終わった直後は何点に変化した，あるいはA社の社員とB社の社員のどちらの得点が高いか，などの相対評価に用いられる。これ以外にもさまざまな主観的評価の手法が提案されている。

表 8.1　疲労の測定手法の例

①主観的評価：疲労感，眠気感などをアンケート等で検討
　　例：自覚症しらべ（図 8.1），疲労部位しらべ等
②作業成績の評価：作業内容を捉える
　　例：作業量の変化，エラー率の増加等
③生理的評価：生理指標を用いた検討
　　例：筋電図，心拍数，視力，フリッカー値，脳波等

前節でも示したように，疲れてくると作業の成績が低下する。だとしたら，その成績自体を調べれば疲労の度合いを推定することも可能になる。②はその前提で作業そのものの成績を調べる方法である。その成績の指標としては，ある一定量の仕事をこなすのにどれだけの時間がかかったか，あるいは一定の時間にどれだけの仕事をこなすことができるかといった作業の出来高や，エラーの発生頻度などが評価指標として測られる。

さらに，③の生理的評価もいくつかの方法が試みられている。疲労を測る対象者自身が主観的評価に対して実際と異なる申告をしたり，作業成績をわざと操作することが可能であるのに対し，生理的評価は対象者の作為が入り込みにくい点で信頼性のある評価となるが，一般的に上記2つの方法に比べ疲労の微妙な差異を捉えるためには周到な実験計画が必要になる。疲労測定の目的や状況により，これらの方法のなかから適したものが選択される。

こうした手段による疲労研究などにより，疲労しにくいモノや仕事のやり方などが開発されている。

8.3. ストレスとは

"疲労"よりも深刻で厄介な体験として受け取られるのが"ストレス"だろう。ストレスはできるだけ避けたい，とにかくストレスを解消したい，皆さんもそう考えるのではないだろうか。では"ストレス"とは何か・・・。そう問われ

第8章　ストレスは悪者ではない

自　覚　症　し　ら　べ　　　　No.

氏　名 _____　（男・女）_____歳）

記入日・時刻 _____月 _____日　午前・午後 _____時 _____分記入

いまのあなたの状態についてお聞きします。　つぎのようなことについて、どの程度あてはまりますか。すべての項目について、1「まったくあてはまらない」〜 5「非常によくあてはまる」までの5段階のうち、あてはまる番号1つに○をつけてください。

	まったくあてはまらない	わずかにあてはまる	すこしあてはまる	かなりあてはまる	非常によくあてはまる
1 頭がおもい	1	2	3	4	5
2 いらいらする	1	2	3	4	5
3 目がかわく	1	2	3	4	5
4 気分がわるい	1	2	3	4	5
5 おちつかない気分だ	1	2	3	4	5
6 頭がいたい	1	2	3	4	5
7 目がいたい	1	2	3	4	5
8 肩がこる	1	2	3	4	5
9 頭がぼんやりする	1	2	3	4	5
10 あくびがでる	1	2	3	4	5
11 手や指がいたい	1	2	3	4	5
12 めまいがする	1	2	3	4	5
13 ねむい	1	2	3	4	5
14 やる気がとぼしい	1	2	3	4	5
15 不安な感じがする	1	2	3	4	5
16 ものがぼやける	1	2	3	4	5
17 全身がだるい	1	2	3	4	5
18 ゆううつな気分だ	1	2	3	4	5
19 腕がだるい	1	2	3	4	5
20 考えがまとまりにくい	1	2	3	4	5
21 横になりたい	1	2	3	4	5
22 目がつかれる	1	2	3	4	5
23 腰がいたい	1	2	3	4	5
24 目がしょぼつく	1	2	3	4	5
25 足がだるい	1	2	3	4	5

図 8.1　自覚症しらべ[1)]

たら，皆さんは適切に答えられるだろうか。そして，ストレスは本当に人にとって有害なものなのであろうか。

そこで，まず"ストレス"とは何かに答えよう。一言でいえば，"ストレッサ"に対する心身の抵抗反応である。"ストレッサ"とはストレスを生じさせる原因のことである。すなわち，この章の前書きにあった「あの先生の顔を見るだけでストレスなんだ」の「あの先生」はストレスではなくストレッサということになる。そして，その先生の前では嫌味をいわれないよう卒なくやり過ごそうと精神を緊張させており，それがストレスとなるのである。

一般にストレスとストレッサは混同されやすい。また，ストレスの原因として，さまざまなものがストレッサとなり得る。それらをまとめると表8.2に示すようにいくつかの種類に分類することができる。

このうち，皆さんがストレッサとしてイメージするのは，心理的ストレッサであろう。つまり，それらによる精神的なストレスを"ストレス"として認識しているのではないだろうか。ストレスはそうした精神的なものだけではなく，身体的なストレスもある。その原因となるものが物理的ストレッサや化学的ストレッサである。

例えば，冬場に暖かい家のなかから急に寒い外に薄着のまま追い出されてしまったらどうなるだろうか。寒さに震え，そのままでは体温も低下してしまう。そのため，身体は体温をできるだけ低下させないよう自ら熱を生み出す生理反応を活発化させる。この状態も，寒さというストレッサに対して身体が熱を生み出し体温をできるだけ維持しようとする一種の抵抗反応，すなわちストレスである。

表8.2　ストレッサの種類

- 心理的ストレッサ：不安，怒り，落胆等
- 生物的ストレッサ：怪我，疾患等
- 物理的ストレッサ：暑さ，寒さ，騒音等
- 化学的ストレッサ：薬物，飢餓等

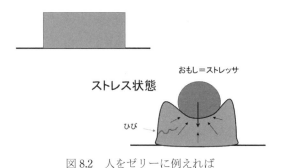

図 8.2 人をゼリーに例えれば

ストレスをさらにイメージしやすくした絵が図 8.2 である。人をゼリーに例え，それが単にお皿に載っている状態をストレスのない状態としよう（図 8.2 左）。そこに，ストレッサというおもしを載せると，おもしの重量がゼリーに加わる。一方ゼリーにはそれを押し返そうとする反力が働き，ゼリー全体が歪みながらも両者の力のバランスを保つ（図 8.2 右）。この反力が働いている状態がストレスということになる。おもしがさらに重くなる，すなわちストレッサが強くなると，ますますゼリー全体が歪み，反力も強くなる。つまりストレスの度合いが強くなる。そして，ゼリーのどこかにひびが入るようになる。この"ひび"を，ストレスを原因とする病気に例えることができる。さらにおもしが重くなると，やがてゼリーは潰れてしまう。いわゆるストレスによる死に相当する。

このように，人を含む生物は外界からさまざまなストレッサの攻撃を受け，肉体的にも精神的にもそれに屈せぬよう，心身の抵抗力を高めている。その状態が，ストレスそのものである。

8.4. 汎適応症候群

上で述べたように，人がストレス状態になると心身の抵抗力が変化する。その時間的な変化をモデル化したものが，汎適応症候群（図 8.3）である。これは，

8.4. 汎適応症候群

20世紀の医学者であるハンス・セリエ（Hans Selye）が表したもので，横軸に時間，縦軸に抵抗力がとられている。そして，点線が通常の抵抗力のレベルだとしよう。

そこで，時間軸上の0の時点で何かストレッサが加わったとする。ストレッサとして，前節で例えに出した寒い屋外に追い出された際の寒さでもよいが，皆さんは精神的ストレスの方がピンとくるだろうか。それならば，例えば失恋をしてしまった，合格する自信のあった第一志望の大学に落ちてしまった，会社を突然解雇された，などの事態でもよい。

そうした悪い事態，すなわちストレッサの攻撃を受けた直後は，それに対する心あるいは体の準備がまだ整っていないため，心身の抵抗力は急速に落ちていく。その時期を"ショック相"と呼ぶ。一般に，何か予期せぬ意外な出来事が起きてビックリした時に「ショック！」というが，それと似ている。寒い屋外に出された場合は体温の低下が生じ始め，失恋や不合格，解雇の場合はすっかり落ち込んだ状態になるのがこの時期である。

しかし，いつまでもストレッサにやられっぱなしというわけではない。ストレッサの攻撃を受けた心あるいは体は，やがて体制を整え反撃に出る。それが反ショック相，すなわち立ち直りの時期である。しかも，抵抗力はもとの通常のレベルに戻るだけでなく，むしろそれより高いレベルまでリバウンドする。

その後，しばらくの間，抵抗力は高いレベルを維持する。この時期を"抵抗期"と呼び，ストレッサに対して戦っている状態，まさにこれがストレス状態である。

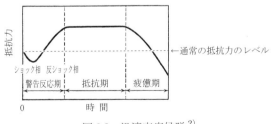

図 8.3　汎適応症候群[2)]

ただ，ストレッサが強い場合はいつまでも高い抵抗力を維持し続けることはできなくなる。その維持のためには生理的心理的な負担が増すため，疲れが生じてくるからである。やがて，抵抗力は再び低下に転じる。この時期を"疲憊期"と呼び，抵抗力が弱くなり，生理的システムのバランスが崩れてくるにつれさまざまな病気が生じてくる。

このようにストレスを原因とする病気を一般には"ストレス病"と呼ぶが，主に身体面に現れるものとして"心身症"，精神面に現れるものとして"神経症"にわけられる。このうち，心身症として発症する病気をまとめたものが表8.3である（ただし，これらの病気の原因はストレスのみというわけではなく，心理的な要因も結びついている病気が心身症と呼ばれるものである）。皆さんもよく聞くストレスを原因とする症状として，一般に"血圧が高くなる"，"胃に穴があく"，"髪の毛が抜ける"などがある。それらは表8.3のなかに，高血圧症，潰瘍，円形脱毛症という名前で存在しており，それ以外にも名前を知っている病気が多く含まれていることだろう。まさにストレスは万病のもとともいえる。

8.5. ストレスの生理

表8.3で紹介したいくつかの病気をもう一度見てほしい。いずれもストレスが原因となり得る病気の例を示しているが，考えてみると不思議ではないだろうか。会社での人間関係がうまくいかないことや，受験生が志望する大学に受からなかったらどうしようと強度の不安にかられることなどは大きなストレスとなるものの，そうしたことと胃に穴が開いたり髪の毛が抜けることとは直接の因果関係はないはずである。一般にストレスを原因とする病気は，ストレッサに直接対応した疾患だけでなく，それとは一見無関係な症状を発現させるという特徴もある。先に示した図8.2で，おもしとじかに接している部分ではなく，それとは異なるゼリーの部分にひびが入っているのは，そのことを表している。

8.5. ストレスの生理

表 8.3　主な心身症*

- 循環器系　：　高血圧症，不整脈等
- 皮膚系　　：　円形脱毛症，慢性じんましん等
- 呼吸器系　：　気管支ぜんそく，過呼吸症候群等
- 消化器系　：　胃潰瘍，十二指腸潰瘍，過敏性大腸症候群等
- 生殖泌尿器系：　夜尿症，月経不順等
- 内分泌系　：　甲状腺機能亢進症，糖尿病等
- その他　　：　偏頭痛，筋痙攣，神経性食欲不振症等

＊　これらの病気はストレスのみを原因とするものではない

　なぜ，そうしたストレスの原因と関係のなさそうな症状が結びつくのか，それはストレスの生理に起因している。人にストレッサが加わると，それに対処するため，副腎皮質ホルモン等の分泌が促される。これは生体の抵抗力を高める効果がある。自律神経系のうちの交感神経の働きも強くなる。この神経系が優位になると，心身機能をよりアクティブな状態にする（コラム⑧-1）。さらに，免疫機能も強化される。いわゆるストレッサに対する臨戦態勢がとられることになる。また，こうした身体のさまざまな生理システムの相互作用により，一見無関係な症状の発現にも結びついてしまう。なお，精神的なストレスであろうと身体的なストレスであろうと，このような生理的メカニズムは基本的には同じである。

　さて，そうした生理的変化を捉えることにより，ストレスの度合いを測ることも可能である。上述のホルモン分泌や自律神経系の活動状態を捉えることにより，複数の指標からストレスの変化をある程度測ることができる（コラム⑧-2）。

　モノを利用する際のストレスを調査したり，それをデザインするためにストレスの少ない条件を探すなど，人間工学の目的のためにもストレスの計測が試みられている。

8.6. ストレスの効用

さて，この章のタイトルを思い出してほしい。"ストレスは悪者ではない"とある。しかし，ここまでの内容を見る限りストレスを有害なもののように紹介してきた。さて，どういうことだろうか。

それを説明する前提として，我々は生きている限り常にストレス状態にあるということをまず認識する必要がある。それは，病気になるような強いストレスもあれば，ほとんど意識しない弱いストレスもある。今皆さんがこの本を読んでいること自体，弱いながらもストレス状態にあるといえる。すなわち，脳や視覚，手の筋をある程度緊張させ，読み続けようと意思を働かせているからである。

先の8.4節の汎適応症候群のところで，ストレッサが加わると一時的に抵抗力は下がるが，すぐに持ち直し，ストレッサを受ける前の通常の状態よりも抵抗力はむしろ高いレベルになることを紹介した。つまり，ストレス状態になることで心身の抵抗力は高まるのである。そのストレッサが強くなるほど，それに対抗して抵抗力も高まるが，強すぎる場合にはいつまでも高い抵抗力を維持し続けることはできず，その図が示すようにやがて抵抗力は落ちてさまざまな病気発症のリスクが高くなる。

しかし，ストレッサがそれほど強くなければ，ある程度の高さの抵抗力を長期に渡り持続することができるだろう。そうなると，そうした状態へ心身が適応し，それが新たな"通常の"抵抗力のレベルになる。つまり，その分抵抗力が高められる結果になる。人を含む生物は，その環境での生存に適するように自らをある程度変化させることができる。これを"適応"と呼ぶ。例えば，寒い地域に住み続けることにより寒さに強い体になったり，新しい職場に配属された直後は非常に疲労していたが，やがて疲れを感じなくなるなど，長期的にも短期的にも新たな環境に適応することができる。

すなわち，適度なストレスは心身を強くするといえる。悪いのは病気になるような過度なストレスであり，そうではない適度のストレスは良い効果をもた

8.6. ストレスの効用

らすこともある。実は，皆さんも子どものころからしつけや教育というかたちで，親や教師からそこそこのストレッサを与えられ続けてきた結果，心身ともに健やかに成長することができたのである。現在の皆さんも，例えば試験に合格したいと思えば集中して勉強をするし，スポーツ大会で勝ち進むためには練習に励むであろう。これも適度なストレッサを自分自身に与えることを意味する。

では，適度なストレッサとはどの程度のものなのか。もちろん，それはストレッサの種類やそれを受ける人の個人差により大きく異なる。さらには，時と場合にもよるだろう。個々に考えていく必要がある。

逆にストレスが弱い場合には，それに比例して抵抗力も低いレベルになる。これも適応である。その典型的な例が宇宙にいる宇宙飛行士である。地上にいる時は，重力というストレッサにさらされるため，骨や筋をある程度強くしておかないと立つこともできなくなる。しかし，無重力状態では骨や筋が強くなる必要性がなくなるため，たちまち骨はもろくなり筋もやせ細ってくる。生物は生きるために必要なレベル以上の機能を獲得することはしない。そのため，宇宙では絶えず肉体トレーニング等で骨や筋を鍛えなければならないのである。また，第7章でも述べたように，ストレスが弱い低緊張状態ではヒューマンエラーも起こりやすくなる。

このように，ストレスはその度合いを考慮すれば良い効果をもたらすが，我々は特に意識しなくても，実はそれを利用してきたのである。逆にストレスをなくすことは心身の抵抗力の低下にもつながる恐れがある。このことは，快適性をデザインするという人間工学のテーマの1つにとっても重要な課題を投げかけている。それは，一般に快適であるということはストレスが少ない状態だからである。心身の抵抗力を維持または向上させながら快適性を求めたい。こうした一見矛盾するような要求だが，それを実現するためには，ストレスのさじ加減を考えていかなければならない。この課題については最終章であらためて扱うことにしよう。

次の章は，第I部の最後として，ユニバーサルデザインについて考えてみよう。

【コラム⑧-1】神経系の分類

人が外界の情報を認識し，その情報を過去の記憶と照合しながら理解し，それに基づき行動を起こせるのは，いずれも脳の働きによる。これまで紹介してきた人の運動機能，感覚機能，認知機能の特性もすべてそのおおもとに脳がある。また，脳と身体各部がコミュニケーションを交わす神経はいくつかの系統にわかれ，それらと脳を含めた全体が神経系と呼ばれる。

ここでは，その神経系の構成を説明しておこう。それを示したものが図8.4である。それは大きく"中枢神経系"と"末梢神経系"にわかれる。このうち，前者を構成するものが"脳"と"脊髄"である。そして後者は"体性神経系"と"自律神経系"からなり，このうち体性神経系は，中枢から身体各部に運動の指令を送る"運動神経"と，身体各部の感覚情報を中枢へ伝える"知覚神経"にわけられる。

これとは別に，"自律神経系"と呼ばれるシステムもあり，"交感神経"と"副交感神経"にわけられる。これは身体のさまざまな臓器や器官に神経を送っている。例えば心臓にいく交感神経が強く作用すると，心臓の鼓動や血圧を高める作用を及ぼす。一方，副交感神経が優位に働くと，心臓の鼓動や血圧を低下させる結果となる。あるいは胃や腸にいく交感神経が優位に作用すると，その活動度は弱まり，副交感神経が強く働くと，それらの活動は高まる。すなわち，交感神経はもともと獲物を捕らえたり敵から逃れるなど心身をアクティブな状態にする働きがあり，副交感神経は心身を休息状態や栄養補給モードにする働きがある。また，それらの働きを自分の意思で直接コントロールすることはできない神経系でもある。

8.5節でも述べたように，ストレス状態では交感神経がより強く活動するが，それは上記のように心身の緊張状態を高め，よりアクティブな状態にすることでもある。

【コラム⑧-2】ストレスを測る

有害なストレスを回避したり，ストレスが強くならないような対処をしてい

8.6. ストレスの効用

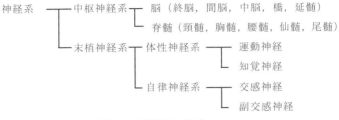

図 8.4　神経系の構成

くためには，ストレスの大きさを知ることが必要になる。そのため，従来からストレスの測定が試みられ，その手法がさまざまに提案されている。

大別すると，主観的評価と生理的評価がある。前者は心理的ストレス反応尺度[3]など，ストレスやそれに関連する諸症状をアンケート方式で回答するタイプのものが利用されている。

8.5 節でも紹介したように，ストレス状態ではそれに対応したホルモン分泌が促されることから，生理的評価の 1 つとして，分泌された特定のホルモンを唾液中から採取することによりストレスの強さを推定する手法が用いられている。また，交感神経系も優位になることから，それによる緊張状態の高まりを血圧の連続測定で捉えたり，心拍の特有な変動パターン（心拍変動性）を心電図情報から算出することにより交感神経活動度を推測するなどの間接的な方法も利用されている。

参考文献
1) 日本産業衛生学会産業疲労研究会：自覚症しらべ，疲労部位しらべ
　　http://square.umin.ac.jp/of/service.html/（2014 年）
2) 田中正敏，菊池安行（編），岡田明：近未来の人間科学事典 ストレスの諸相，pp.331，朝倉書店，1988.
3) 鈴木伸一，他：新しい心理的ストレス反応尺度（SRS-18）の開発と信頼性・妥当性の検討，行動医学研究，4 (1)，pp.22-29，1997.

【ブックガイド】

・「人間計測ハンドブック」，(独) 産業技術総合研究所 (編)，朝倉書店，2013.

　本章で取り上げた疲労やストレスの測定方法をはじめ，人を測るさまざまな測定法が網羅されている。全て目を通す必要はないが，目次を見るだけでもあらゆる測定法があることがわかるだろう。

第Ⅰ部：基礎編

第9章　誰もが目的を達成できるモノのデザイン
　　　　ーユニバーサルデザインと人間工学ー

　これまで，使いやすく快適，安全で健康的なモノづくりのための人間工学の話をしてきた。では，それを目指してつくられたモノは，誰にとって使いやすく安全なのだろうか。

　使いやすいシステムキッチンの戸棚をつくったといっても，身長が低くてそこに手が届かない人がいる。見やすい標識・サインをデザインした公共空間ができたといっても，そこを利用する視覚に頼れない人がいる。快適なおむつ交換台を女性トイレに設置したといっても，そこを使えない赤ちゃんを抱いた男性もいる。わかりやすい銀行のATMのメニュー画面をデザインしたといっても，日本語の読めない外国人もいる・・・。このように，使えないユーザが存在する限り，人間中心のモノづくりとはいえない。

　タイトルにあるとおり，誰もが目的を達成できるようなデザイン，すなわちユニバーサルデザインのモノづくりは人間工学においても重要な課題である。

―――――― キーワード ――――――
ユニバーサルデザイン，対象ユーザ，加齢

第9章 誰もが目的を達成できるモノのデザイン

9.1. ユニバーサルデザインの誤解

ここ近年，"ユニバーサルデザイン"という言葉が社会に広く浸透してきた。おそらく皆さんもこの言葉を知っていると思う。しかし，その割にはユニバーサルデザインの意味が正しく伝わっていない現状がある。ユニバーサルデザインにはまだいくつかの誤解があり，その主なものは次の2つである。

誤解その①：高齢者・障がい者のためのデザインと同じである
誤解その②：1つのモノですべての人が使えるデザインである

もちろん，①にあるように高齢者や障がい者と呼ばれる人々はユニバーサルデザインの対象者となり得るが，その人たちだけが対象ではない。後で紹介するように，ユニバーサルデザインとはさまざまな人々を対象とした，より広い概念を含むデザインである。また，②に挙げたように現実にすべての人々が使える1つのモノをデザインすることはできるだろうか。おそらく不可能に近いだろう。だからユニバーサルデザインは存在しないという議論もあるが，そうではない。ちょうど既製服が体格別にS，M，Lサイズを揃えているように，さまざまな人々のニーズに答えた複数の選択肢を用意することにより皆同じ目的が達成できる，すなわち1つのモノではなく，1つのシステムとしてユニバーサルデザイン化されていればよいのである（ただし，後述するように"特別仕用"になってはならない）。

では，ユニバーサルデザインとはどのようなデザインなのだろうか。もともとユニバーサルデザインの考え方を提唱したロナルド・メイス（Ronald Mace）が提唱した"7つの原則"（表9.1）がユニバーサルデザインの条件として示されている。これらのすべて，あるいは多くを満たしていることがユニバーサルデザインとしての要件となる。

また，特にモノづくりにおけるユニバーサルデザインの考え方をコンパクトにまとめた1つの定義が日本人間工学会でつくられている（表9.2）。この定義

9.1. ユニバーサルデザインの誤解

表 9.1　ユニバーサルデザイン 7 つの原則（ロナルド・メイス）
（左：原語，右：日本語の意訳）

---
① Equitable Use： 誰でも使える
② Flexibility in Use： どんな状況でも使える
③ Simple and Intuitive to Use： 簡単で直感的
④ Perceptible Information： 情報が簡単に取得可
⑤ Tolerance for Error： 間違っても大丈夫
⑥ Low Physical Effort： 身体負担が少ない
⑦ Size and Space for Approach and Use ：
　　　　　　　　　　　アプローチや使用に十分な空間

表 9.2　ユニバーサルデザインの定義[1]

多様なニーズを持つユーザに，公平に満足を提供できるように製品，サービス，環境や情報をデザインすること

のなかに"高齢者"や"障がい者"という言葉は一言も入っていない。かわりに"多様なニーズを持つユーザ"という言葉が用いられている。これは具体的にどのようなユーザを指すのかは，このあと述べることにする。また，"1つのモノですべての人が使える"等の記述もない。かわりに"公平な満足を提供できるように"という文言が含まれている。これがどのような意味なのかも後で説明することにしよう。そして，ユニバーサルデザインのモノづくりは，製品や環境といった形あるものだけではなく，情報やサービスといった形のないものもその対象となる。すなわち，人がつくる"モノ"全体である。

さらに，ユニバーサルデザインにはこの短い定義では尽くせない深い理念も含まれているが，それらについては折にふれ紹介していくことにしよう。とりあえず，ユニバーサルデザインは表 9.1 や 9.2 に示すモノのデザインとしてイメージしながら，この後を読み進めてほしい。

9.2. ユニバーサルデザインの対象ユーザ

　上述の定義のなかに含まれている"多様なニーズを持つユーザ"とは誰のことなのか，それを示したのが表 9.3 である．切り口により，さまざまな人がユニバーサルデザインの対象ユーザになり得る．

　年齢を切り口に考えれば，子どもあるいは高齢者でも，性別を切り口にすれば，男性でも女性でも，体格を切り口として配慮するならば，小柄な人でも大柄な人でも，そして心身機能を切り口に考えるとすれば，機能制限のある人でもない人でも使えることが必要に応じて求められる．

　一般に，ユニバーサルデザインの対象として頭に浮かぶのはこれら 4 つの切り口で挙げられる人々だが，その他にもまだある．例えば経験・知識を切り口に，初心者でも熟練者でも使えることが必要となることがある．これは，駅の券売機などの公共機器では強く求められる要件である．その券売機を使い慣れている人も初めて使う人も，すぐに使えなければならない．後ろに多くの人の行列ができる状態で，券売機の使い方を一から学ぶことはできないからである．また，言語・文化を切り口に考える場合もある．例えば日本人でも，日本語の読めない外国人でも使えることは，特に公共空間の標識・サインのデザインでは重要となろう．さらには，この本を読んでいるすべての読者も時と場合によりユニバーサルデザインの対象者となり得る．例えば，骨折してしばらく松葉杖をつかなければならないかもしれない．女性の場合，妊娠して一時期お腹の

表 9.3　ユニバーサルデザインの対象ユーザ

切り口	例
年　齢	子ども，高齢者
性　別	男性，女性
体　格	小柄な人，大柄な人
心身機能	機能制限のない人，ある人
経験・知識	初心者，熟練者
言語・文化	日本人，日本語の読めない外国人
一時的制限	傷病者，妊婦，荷物を抱えた人

大きい状態で生活しなければならない。あるいは，両手にいっぱい買い物の荷物を抱えた状態で駅の自動改札機を通り抜けなければならないなど，さまざまな状況が想定される。

　もちろん，モノによりこれらすべての切り口を考慮した対象ユーザの設定には限界のある場合も少なくない。要は，できるだけ対象ユーザの範囲を広げていく努力や工夫こそがユニバーサルデザインである。

9.3. 本来"障がい者"や"健常者"などいない

　ところで，表9.3の中の"心身機能"の切り口のところでは，"機能制限のない人，ある人"という文言を用いた。通常だったら，ここは"健常者，障がい者"という言葉が当てはまるところである。なぜ，それを用いなかったのか。それは，そもそも"障がい者""健常者"と呼ばれる人は存在せず，それらの言葉は相対的な概念だからである。より具体的にいえば，以下の理由による。

①障がいの有無は時と場合による
②障がい者と健常者は少数派と多数派の違いでしかない
③技術と意識が障がい者をなくす
④障がいはその人の中にあるのではなく，その人の前にある

　例えば，下肢の機能に制限があるために車イスを利用している人が携帯電話をかける場面を想像してほしい。その人はそれ以外の機能は使えるので，携帯電話を使う場面においては当然"障がい者"には当たらない。その人の行く手に例えば段差があったり，車いすに座った状態で手が届かなかったり見えないものがある場合に限り障がいがあるわけで，車いすを使っているというだけで"障がい者"ということにはならない。

　あるいは，これは極端な例かもしれないが，例えば地下街で停電が起こったので地上に避難しなければならない場合，もともと視覚に頼れる人と頼れない人とではハンディの度合いが逆転してしまうかもしれない。すなわち，①で述べたように，障がいがあるか否かは時と場合によるのである。

次に，②と③の理由を説明するために皆さんの多くが該当する例を持ち出そう。それは，多くの割合の人が近眼であり，メガネやコンタクトレンズを用いていることである。程度の差はあるものの，近眼は目の障がいの1つといえる。また，メガネやコンタクトレンズは，それを補正してくれる福祉用具でもある。しかし，誰も近眼の人を障がい者とは呼ばない。またそれを補正するメガネやコンタクトレンズを福祉用具とは見なさない。なぜだろうか。それは少なくとも日本の社会では近眼の人の方がはるかに多数派だからという理由もある。成人に限っていえば，むしろ1.0以上の視力を保っている人の方が少数派である。また，メガネやコンタクトレンズという道具を用いることにより，ある程度機能を回復させることができるからである。それが，障がい者や福祉用具と見なされないことにつながる。

　これはSF小説的な比喩になるが，もし視覚を持たない人だけが住んでいる国があり，そうでない人が旅行者としてそこにやってきたとしよう。その国は視覚を用いずに生活できるようにあらゆる道具や街がデザインされている。そこでは，視覚を頼りに生活している旅行者にとっては視覚的な手がかりが使えないため，この上ない不便を強いられる障がい者となってしまう。これが多数派と少数派の違いである。

　また，下肢の機能制限がある人のために，現在は車イスという形態の道具が移動の手段として使われている。しかし，もし技術が進歩してロボットの下肢のようなものが一般化し，メガネやコンタクトレンズのように簡単に装着できて，階段の昇降も立ち座りも安全かつ速やかにできるようになれば，それを利用している人は近眼の人と同様，障がい者と見なされなくなるだろう（図9.1）。技術と意識が障がい者をなくすのである。

　もちろん，障がいの度合いはさまざまであり生活行為の大部分で障がいに出会う人もいるが，多くの場合に障がいはその人の中にあるのではなく，その人の前にあるのである。

　一方，本来は"障がい者"が存在しないのと同様，"健常者"もいない。おそらく皆さんの多くは自分が健常者だと思っているかもしれないが，本当の意

9.4. ユニバーサルデザインの事例，そうでない事例

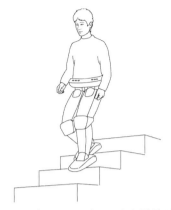

図 9.1　もしロボットの下肢のような道具ができたら

味でそうはならない。少なくとも，心身機能のあらゆる要素がすべて多数派である人などまずいないからである。第2章で，身体のいくつかの部分の寸法がすべて平均的な人はほとんどいなくなることを紹介したが（2.7節参照），身体寸法という要素でさえそうである。他のあらゆる要素も含め，すべて多数派あるいは平均的な人はいない。たいてい，どこかに大多数の人と比べて弱点となる要素や少数派に属する部分を有しているはずである。また，時には体調不良を起こしたり，通常ではない状況下におかれ，本来の心身機能を発揮できないこともある。ある要素について健常な状態はあり得ても，常に"健常者"と呼べる人は存在しない。

このように，ユニバーサルデザインを考えていくためには，まず"障がい者，""健常者"という区分けを捨て去ることが，その出発点として大事である。

9.4. ユニバーサルデザインの事例，そうでない事例

では，ユニバーサルデザインである具体的なモノとはどのようなものだろうか。上述の対象ユーザとなり得る人のタイプの多さなどを考えると，これこそ真のユニバーサルデザインであると呼べるモノはなかなか存在しないかもしれない。しかし，ユニバーサルデザインの考え方を取り入れたり，それに向けて

第9章 誰もが目的を達成できるモノのデザイン

考えたモノはさまざま見ることができる。それらを"ユニバーサルデザイン志向"のモノとしてその主な例を写真9.1に掲げた。そのいくつかについては以下に解説を加えよう。

　写真9.1（a）はシャンプーとリンスの容器であり，ユニバーサルデザインの事例としてよく紹介される対象である。これらシャンプーとリンスのセット商品は，一般に同じ形状・色と表示でデザインされており，どちらがシャンプーでどちらがリンスかは，本体に表示された小さな文字で判別するしかなかった。当初こうしたセット商品が販売された際，視覚に頼れない人をはじめ，多くのユーザから苦情が寄せられた。

　当然のことだが，シャンプーとリンスは小さな文字でしか判別できなかったからである。メーカーは苦情に応え，シャンプーの容器にはギザギザを付けて，触覚的にも判別できるようにした。

　これだけの話であれば，ユニバーサルデザインの事例というより視覚に頼れない人に配慮したデザイン事例の話に終わる。

　では，なぜここに紹介したのかといえば，このギザギザが視覚に頼れない人だけでなく，他の多くの人々にも恩恵をもたらしたからである。先ほど近眼の人の話をしたが，近眼の人も風呂に入る時はメガネやコンタクトレンズを外す。それにより文字が見えにくい場合でもそのギザギザが手がかりになる。また近眼でなくても，シャンプーで洗髪した後に顔が濡れた状態で目を開けたがらない人も多い。その人が次にリンスの容器を探す際にも便利である。

　写真9.1（b）の缶ビールの例のように，アルコール飲料であることを示すために点字が付けられる例もある。ところで，皆さんの多くは，このように点字を付けることにより視覚に頼れない人への配慮が達成されると思うだろうが，視覚に頼れない人で点字の読める人の割合は多くはない。特に中途失明者で点字のわかる人の割合は非常に少ないといわれる。そのため，単に点字を付ければ問題解決とはならないことも知っておいてほしい（写真のビールは点字以外に凸型文字による表示も施してある）。

　写真9.1（e）は，同じ機器自体をユニバーサルデザイン化するのではなく，

9.4. ユニバーサルデザインの事例，そうでない事例

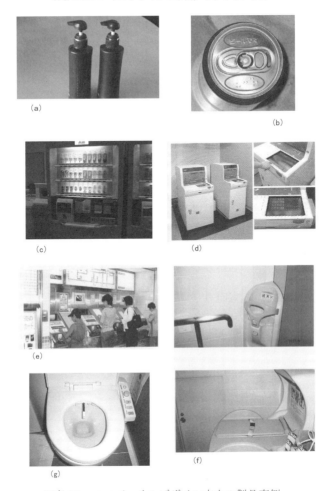

写真 9.1 ユニバーサルデザイン志向の製品事例

(a) シャンプーとリンスの容器（本文参照）
(b) 触覚的表示を付けた缶ビール（本文参照）
(c) ユニバーサルデザイン対応の飲み物自動販売機
(d) 画面の縁の触覚的手がかりと音声案内の併用により視覚に頼れない人でも使える銀行のATM
(e) 駅の自動切符券売機（本文参照）
(f) 男性トイレにも設置されたチャイルドシートとおむつ交換台（本文参照），
(g) 洗浄便座（本文参照）

複数台設置されているところでは，その設置位置を一部変えることによってもユニバーサルデザイン化できる例である。

また，こんなものもユニバーサルデザイン化の例といえるモノがある。その1つが写真9.1 (f) で示した公共トイレにあるチャイルドシートとおむつ交換台である。それ自体はユニバーサルデザインとはいえないが，いずれも男性トイレに設置されたものゆえ，ここで取り上げた。これらは，近年になりようやく男性トイレにも設置されるようになったが，それ以前は女性トイレにしかなかった。しかし，男性も乳幼児を連れて歩くことは少なくない。そのため，それまではそうした男性は不便な思いをしていた。それだけでなく，女性にとっても乳幼児を連れるのは女性の役目という社会的偏見に結びつく状況があった。

もう1つのユニバーサルデザイン化の例が，同じく写真9.1 (g) の洗浄便座である。日本では多くの家庭で使われているが，もともとは手の使えない人のための福祉機器として開発された経緯がある。つまり，多数派の人々が使うモノをさらに少数派の人も使えるようにしていく方向のユニバーサルデザイン化だけではなく，この例のように，少数派用のモノを多数派に広げていく方向のユニバーサルデザイン化もあるということである。こうしたタイプのユニバーサルデザインは探してみれば他にもいろいろありそうである。例えば，靴ベラはもともと靴のひもをうまく結べなかった人のための補助具だったといわれているが，今では日本の多くの家の玄関にぶら下がっている。

一方，ユニバーサルデザインからはまだ程遠いモノもある（図9.2）。一般的にいえば，開封しにくい包装・容器類，あるいはわかりにくい公共空間の標識・サイン類（第6章参照）などに問題のあるものが少なくない。今後さらに改善のための工夫が必要である。

9.5. ユニバーサルデザインへの人間工学の貢献

こうしたユニバーサルデザインのモノづくりを進めていくためには，それまでのモノづくりのノウハウに加え，新たに考えなければならない課題もある。それを表9.4にまとめた。

9.5. ユニバーサルデザインへの人間工学の貢献

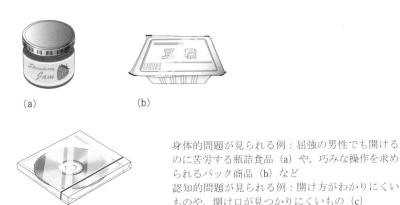

身体的問題が見られる例：屈強の男性でも開けるのに苦労する瓶詰食品（a）や，巧みな操作を求められるパック商品（b）など
認知的問題が見られる例：開け方がわかりにくいものや，開け口が見つかりにくいもの（c）

図9.2　ユニバーサルデザインとはほど遠い例

　これまでは，設計者自身の感覚や経験に基づき設計値を決められていたのに対し，当然のことながらユニバーサルデザインでは①に示すようにさまざまな対象ユーザのことを知らなければそれができなくなる。これまでの製品の多くは，例えば自動車でもオフィスチェアでも，"Mr. Average"，すなわち平均的成人男性がその対象ユーザとして想定されていた。

　また，先に述べたように，あらゆる人に対応できる1つのモノをつくることが困難である以上，複数の種類のモノを用意したり，オプションやアダプタを付けることで対応する方法がとられる場合もある。その際②に示すように，対象となるモノはどの範囲のユーザまで対応することができるのか，その範囲から外れたユーザにはどのような対応をしていけばよいのかということを，これまで以上に明確化しなければならない。例えば，これから設計するシステムキッチンの調理台の高さを身長何センチから何センチまでに対応させ，それより低いまたは高い人にはサイズ違いのものを用意するなどのやり方である。

　さらに③に示すように，以前はユニバーサルデザイン的な配慮をしていれば，社会的にも評価されたが，これからは単に配慮しただけでは評価されず，どれだけ良い配慮になっているかが問われてくる。例えば，駅にエレベータを設置

145

第9章　誰もが目的を達成できるモノのデザイン

表 9.4　ユニバーサルデザインを具体化するために考えること

---

①自分の感覚や経験だけではモノはつくれない
　　（自分以外の人々のことを知らなければならない）
②そのモノのユーザの対象範囲を知らなければならない
　　（範囲を明確にすることで，それから外れた人への対応を考える）
③これまで：何か配慮していれば評価された
　　これから：より良い配慮であるかが問われる

すること自体が評価された時代はとうに終わり，エレベータの設置は当たり前になっている。今は設置されたエレベータが使いやすい場所にあるか否かが問題になる。すなわち，ユニバーサルデザインの質が問われてくる。

以上，3つの課題をクリアするためには，対象となる人間のデータが必要になるということである。それを提供し，ユニバーサルデザインのモノづくりに活かしていくものが人間工学ということになる。

9.6. 加齢に伴う心身機能の変化

さて，ユニバーサルデザインのモノづくりを進めていくにあたり，人間データの重要性を上に述べた。そうしたデータの例として，ここでは加齢に伴う機能変化の例をいくつか紹介しよう。

ユニバーサルデザインは少数派を含めたさまざまなニーズを持つ人々へ配慮を広げるデザインであるが，その主要な対象ユーザとしての高齢者はもはや少数派とはいえない。日本では今や4人に1人が65歳以上となり（2014年時点），高齢者を配慮しないモノのデザインは考えられなくなっている（もっとも，65歳以上を高齢者とするのは現実にあわなくなりつつある）。また，この本を読んでいる皆さん自身もやがて高齢者の仲間入りをしていく。齢をとることは万人に平等に与えられ，それに伴う心身機能の変化は，その程度やタイミングに個人差はあるものの，誰にでも訪れる。表9.5はそれをまとめたものである。

9.6. 加齢に伴う心身機能の変化

まず人体寸法のデータとして，第2章でも身長の統計データを示したが，ここでは20歳代男女と70歳代男女の身長の統計データをあらためて図9.3に紹介する。平均値で比較すると，男性も女性も両世代の間に10cm近くの開きがある。これは，齢をとると身長がその分低下してしまうということではない。その主な要因は，皆さんもご存じのように，この半世紀の間に日本人の体格自体が大型化した結果，今の20歳代と50年前の20歳代で体格自体が違っていることを反映した結果である（加齢に伴い，脊柱の椎間板が縮んでその分若干脊柱の長さが短くなったり，人によるが脊柱を支えている筋が弱くなり背中が曲がる現象（円背）が生じた分の身長低下も一部ある）。

そして，同じ世代のなかでも背の高い人，低い人がいる。例えば，大柄な人の代表として20歳代男性の95パーセンタイル値（第2章コラム②-1参照）の身長と，小柄な人の代表として70歳代女性の5パーセンタイル値の身長との差は約40cmもある。もし身長の違いにより使いやすさに大きな影響を与え

表9.5　加齢に伴う心身機能変化の特徴

a) 体格	・世代間の大きな体格差
b) 感覚機能	
①視覚	・視力の低下
	・近点距離の増加（老眼）
	・色覚の変化[*1]
	・必要照度の増加[*2]
	・暗順応時間（図5.5）の増加
②聴覚	・高い音がより聞こえにくくなる
③嗅覚，味覚，触覚	・機能は低下するが，自他ともに気づきにくい
c) 運動機能	
①筋力	・低下するが，筋力自体の男女差も大きい
②動作速度	・緩慢になる
③巧緻性（たくみさ）	・細かく滑らかな動きが難しくなる
d) 認知機能	
①記憶・理解	・新しい物事の記憶や理解が不得手に，ただしすでに獲得した記憶等は比較的保たれる
②判断	・とっさの判断力は低下，ただし総合的判断力は比較的保たれる

[*1] 白と黄，黒と青など，特定の色の区別が困難になる
[*2] より明るい環境を必要とする

第 9 章　誰もが目的を達成できるモノのデザイン

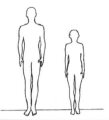

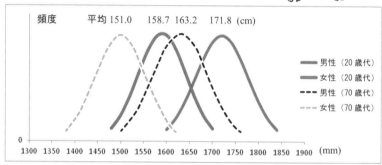

図 9.3　日本人男女 20 歳代と 70 歳代の身長[2)]

るモノをデザインしようとした場合，この両者の身長差に対応していかなければならない。ちなみに上記のパーセンタイル値の身長の男女を絵に描くと図 9.3 のイメージになる。

　次に，表 9.5 の運動機能にある筋力の低下については，第 3 章の図 3.4 に示されている。そこでも述べたように，加齢による低下もさることながら，筋力については男女差が特に大きいことが特徴となっている。そのため，若年中年の男性が難なく扱えるモノを高齢の女性が同じように扱えるわけではないことに注意が必要である。

　さらに，感覚機能の低下についても配慮しなければならない。視覚機能については第 4 章や第 5 章でも述べているので，必要に応じて振り返ってほしい。

　そして，認知機能の変化については，特に第 6 章のわかりやすさのデザインが関係してくる。

9.7. ユニバーサルデザインのキーポイント

さて，これまでユニバーサルデザインの考え方や事例を紹介してきたが，それらに基づき，ユニバーサルデザインを扱う上で重要となるキーポイントを5点ほど挙げてみよう（表9.6）。

まず①と②については，この章の冒頭でユニバーサルデザインの誤解に関連して述べた。そして，③にある"公平な満足感"については，ユニバーサルデザインの定義に含まれていた"公平な満足を提供するように"（表9.2）と同じである。しかし，まだそれについては説明していなかったので次に示そう。

ここ近年，ユニバーサルデザイン的な考えが社会に浸透してきたことを反映し，劇場や競技場など人が多く集まる施設には，車イスユーザでも見られるように，車イス専用ブースが設けられるようになった。しかし，それは本当の意味でのユニバーサルデザインとはいえない(理由はこのあとで述べる)。一方，アメリカのある競技場では，観客席の一部に，座席を跳ね上げると車イスがアプローチできる座席システムが備えられた。そこはユニバーサルデザインの競技場として高く評価された。一体どこが違うだろうか。それは，車イス使用者は，その人達だけで来るわけではない。車イスを使う人，使わない人が仲間になって一緒にやって来る。しかし，前者の施設で車イスの人だけ専用ブースに回されたのでは，仲間同士で楽しむことができないばかりか，いわゆる特別扱いされることになってしまう。これは皆と一緒でありたいとする基本的なニー

表9.6 ユニバーサルデザインのキーポイント

①「ユニバーサルデザイン＝高齢者・障がい者対応デザイン」ではない
②すべての人が使える1つのモノをつくることではない．選択肢のあるシステムをつくること
③公平な満足感が最重要
④少数派のモノを多数派に広めるユニバーサルデザイン化もある
⑤ハード（モノ自体）だけではなくソフト（使い方，ルール）も必要

第9章 誰もが目的を達成できるモノのデザイン

ズとはかけ離れている。

あるいは，高齢者でも着やすい衣服が開発され，それを例えば店頭で"高齢者にも着やすい"というキャッチフレーズで売り出したとしても，あまり売れないかもしれない。なぜならば，自分はまだそれを着る年齢とは認めなくないという心理も働くからである。

つまり，ユニバーサルデザインの一番大切なポイントは，単に使えるようにすることではなく，抵抗なく同じ目的を達成できるようにすることにある。ここではそれを"公平な満足感"と表現した。ただし，これはうまく考えないと，②の選択肢を用意することと矛盾を生じさせる可能性も出てくる。上記の車イス専用ブースという特別仕様の選択肢と，皆と一緒に楽しみたいというニーズとのバッティングがその事例にあたる。そのため，そのクリアがユニバーサルデザインのもっとも難しい点の1つでもある。

④は同じく写真9.1gで紹介した洗浄便座がその典型例だったが，こうしたユニバーサルデザインのタイプは，③の公平な満足感を提供するための有効な方策ともいえる。

そして最後の⑤は，いくらユニバーサルデザインのモノをつくっても，そのソフトも考えないとユニバーサルデザインとして機能しないという意味である。例えば，駅のホームにエレベータを設置したとしても，電車が到着してまず若い元気な人達がエレベータに殺到し，本当に必要な，脚の弱った人や車イスの人，乳母車を押している人などが待たされるのは考えものである（実際にそのような光景はよくあることである）。

日本のユニバーサルデザインの質は世界的にみても高い水準にある。生活用品でも公共設備でも，ハード的にはユニバーサルデザイン先進国といえる。しかし，その使い方や人々のかかわり方，すなわちソフト面ではまだ遅れている。ユニバーサルデザインは，そのモノ（ハード）ができればそれで達成されたわけではない。人間工学はもちろんのこと，それ以外のさまざまな視点でユニバーサルデザインを捉え，進めていく必要がある。その具体的な進め方についての設計手法も整備されつつある[1]。

9.8. 究極のユニバーサルデザインとは

　以上，ユニバーサルデザインについてさまざまな紹介をしてきたが，決して特別なデザインではなく，さまざまな人々にとって使いやすく安全で健康的なモノづくりである以上，従来からある人間中心設計そのものといえよう。また，そうした考えは世界的に広まっており，ユニバーサルデザインと同じような言葉や考え方として，"アクセシブルデザイン"や"インクルーシブデザイン"などもある（コラム⑨参照）。

　最後に，この節のタイトルにもある究極のユニバーサルデザインとは何かを考えてみよう。それは，"ユニバーサルデザインを意識させないデザイン"であろう。上述のキーポイントである公平な満足感がそのことにつながる。それは，ちょうど"メガネ"のようなものかもしれない。メガネがユニバーサルデザインにあたるか否かは別として，本来視力補正という目的でつくられ，しかも顔の真ん中に装着するという非常に目立ってしまう道具であるにもかかわらず，紫外線除け，おしゃれ，自己主張などの目的としてもそれは使われ，違和感もない。

　今後，ユニバーサルデザインが当たり前になり，あらゆるモノについてそうしたデザインが達成された時，"ユニバーサルデザイン"という言葉は消えてなくなるだろう。

　さて，ユニバーサルデザインの話までしたところで，第Ⅰ部の基礎編は終わりである。続く第Ⅱ部では，応用編として，実際のモノづくりにおける人間工学について，それぞれの専門家から語ってもらう。
　そして，第14章で"人間工学"というものについて総括することにしよう。

【コラム⑨-1】バリアフリーデザイン，アクセシブルデザイン，インクルーシブデザインとどこが違う？
　ユニバーサルデザインとバリアフリーデザインの違いは何か，ということが

第9章 誰もが目的を達成できるモノのデザイン

よく質問される。バリアフリーデザインはさまざまな人にとってのバリアを取り払うことだが，ユニバーサルデザインもさまざまなユーザが目的を達成できるようにしていくことなので，その結果を見れば確かに両者の違いはわかりにくい。よく，バリアフリーデザインはすでにあるモノからバリアを取り去ることであり，ユニバーサルデザインは初めからバリアがないようにつくることであるという説明を聞くこともあるが，その解釈にも少し無理があろう。現状では，主に公共施設を対象としたものはバリアフリーデザインという言葉が，主に製品類を対象としたものではユニバーサルデザインという言葉が多く使われているようである。強いて違いを挙げるとすれば，ユニバーサルデザインの方がその思想や理念に基づき，より広い概念であるといえよう。

さらに，ユニバーサルデザインと似たものとして，アクセシブルデザインやインクルーシブデザインがある。

このうち，アクセシブルデザインのアクセシブル（accessible）とは，近づきやすいという意味であり，誰でも容易に近づける，利用できるように設計することである。ユニバーサルデザインと同じといえる。現状では，主にネット画面のデザイン等に多く用いられてきた言葉である。

また，インクルーシブデザインは，イギリスで生まれたデザインコンセプトであり，あらゆるユーザをインクルーシブ（inclusive），すなわち包含できるデザインという意味がある。そしてさまざまなニーズを持つ人々がモノづくりに参加して使えるように考えていくことであり，これもユニバーサルデザインと共通する。

それぞれの言葉が出てきた背景，歴史，時代，地域などは異なるが，目指すところは皆同じであり，そのデザインプロセスや特に主張する点が若干異なるにすぎない。さらに社会や技術が変化していけば，それらの思想も当初のものからさらに熟成していくだろう。それゆえ，少なくともモノづくりや人間工学の面においては，これらの違いにこだわる必要はないと著者は考える。例えていえば，登山口は違っていても目指す山の頂上は同じである。

9.8. 究極のユニバーサルデザインとは

参考文献
1) 日本人間工学会（編）：ユニバーサルデザイン実践ガイドライン, pp.6, 共立出版, 2003.
2) 文部科学省：体力・運動能力調査 2010.

【ブックガイド】

・「ユニバーサルデザイン実践ガイドライン」, 日本人間工学会(編), 共立出版, 2003.

　ユニバーサルデザインのモノづくりを具体的に進めるための実践書。モノづくりの関係者だけでなく，これからユニバーサルデザインを学ぶ一般読者の入門書としても最適。

第Ⅱ部：人間工学によるモノづくり事例

第10章　機器
―キーボードの人間工学設計―

　スマートフォンやカーナビなどでは，音声による入力もできるようになってきたが，現在でももっとも効率のよい入力装置はキーボードである。パソコンのキーボードはさまざまな人間工学的な検討，研究に基づいてデザインされている。この章ではこのキーボードに注目して人間工学的な配慮設計についてみていくことにする。

　パソコンを使ったことがない人はいるかもしれないが，見たことがない人はいないだろう。パソコンのキーボードを最初に見たときにどのように感じたか思い出してみよう。多くの人がアルファベットやひらがなが無秩序に並んでいる様子を不思議に思ったのではないかと思う。この配列やキーの形状，キーの感触など，これから1つずつ設計の背景や特徴をみてみよう。

--- キーワード ---

一貫性，フィードバック，ISO規格，JIS規格

10.1. キー配列

まずは写真 10.1 をご覧いただこう。一般的なキーボードである。これは"QWERTY（クワーティ）配列"と呼ばれている。手前から 4 列めのアルファベットが左から QWERTY と並んでいることからこの名称となった。この配列の起源は，英文タイプライターである。今から 100 年以上前，1800 年代の後半にクリストファー・レイサム・ショールズらによって提案され，普及した。実はこの配列は効率がよい配列とはいえず，人間工学的に優れているとは言い難い。例えば，頻度の高い母音"a"は力の入りづらい左手小指の位置にあり，その他の母音はすべてホームポジションから外れていることなどから指の移動が多くなり，効率のよい配列ではない。

QWERTY 配列が誕生した理由の 1 つとして，高速でタイプするとタイプライターのタイプバー（昔のタイプライターは機械的なアームが移動してタイプする方式であった）が衝突したり，からまったりすることから，意図的に使いづらくしたといわれている。他にもいくつかの理由が伝えられているが定説はない。ただし，明らかなことはこの QWERTY 配列は，多くの人にとって必ずしも効率のよい配列ではない，ということである。では，なぜ，今でもこの配列が使われているのだろうか。この配列が誕生してから 100 年以上経過するが，もっと効率のよい配列も提案されてきた（コラム⑩－1，⑩－2 参照）。

写真 10.1　一般的なキーボード

しかし，タイピスト養成学校などでタッチタイピング（10本の指を使ってタイピングすること）を教える際，もっとも普及しているQWERTY配列のタイプライターが用いられることとなった。すると企業や学校などで導入し，使用されるタイプライターはQWERTY配列に集中する。結果としてQWERTY配列以外はほぼ姿を消すことになった。

パソコンのキーボードの配列は上記のような歴史を経て，現在もQWERTY配列が主流である。作業効率の観点から人間工学的に優れている機器を開発することは大切である。しかし，世の中に普及するものは必ずしもそれだけで決まるわけではないという事例として語られることが多い。あなたの自宅にあるパソコンと学校や職場にあるパソコンの配列が異なったとしよう。両方の配列を覚えることも負担だし，覚えたあとも戸惑いがあるかもしれない。人間工学的な設計の重要なキーワードの1つは，"操作の一貫性"である。最近のウェブサイトやウェブアプリ，スマートフォンアプリでのインタフェースもこの操作の一貫性が重視されている。キーボードの物理的なキー配列は，アルファベットやかなだけでなく，機能キーなども含めて現在もこの一貫性を重視して設計されている。

10.2. 分割型キーボード

写真10.2のようなキーボードを見たことがあるだろうか。左手でタイプするキーのグループと右手でタイプするキーのグループが分離している点が特徴で，分割型キーボードと呼ばれる。分離している理由は，まさに人間工学的な理由である。

久しぶりに会った友だちと握手をするとして，手を前に出してみよう。その時の手の位置は一般に無理のない自然な姿勢である。その姿勢から写真10.1のキーボードをタイプする姿勢へ移行する場合，横に向いている手のひらを伏せる（回内という），そして手のひらを外側:小指側へ曲げる（尺側偏位という）ことが必要である。写真10.3をご覧いただこう。ちょっと極端な例ではあるが，かなり窮屈な姿勢であることがわかる。分割型キーボードはこの不自然さを解

10.2. 分割型キーボード

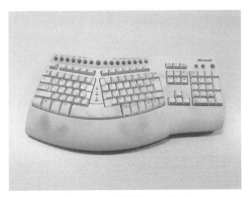

写真 10.2　分割型キーボード

写真 10.3　回内，尺側偏位の写真[4]

消するために工夫されたものである。角度や位置が調節できるものなどが商品化されている。

　このタイプのキーボードは，自然な姿勢という観点からは明らかに人間工学的に優れている。しかしそれほど普及していないのはなぜか。従来型のキーボードと分割型キーボードで，作業性を比較した人間工学的な実験がいろいろと行われた。その結果，分割型キーボードが必ずしも作業性がよいという結果が得られないばかりでなく，従来型のキーボードの方が作業性が高いという結果も少なくなかった。これは 10.1 でも示した一貫性や慣れが影響している。

　人間は多少使いづらい道具でも慣れるとうまく使いこなしてしまうという適応性，順応性がある。そしていったん慣れてしまうと本質的には使いやすいはずの道具でもその移行期に違和感を生じることになる。よって従来型キーボードに慣れている人が分割型キーボードを使用するとその姿勢の違いやキーの微妙な位置の違いなどから違和感を生じ，作業性が低下してしまうことは容易に想像できる。つまりまずはこの分割型キーボードに慣れることが必要なのである。多くの実験において，慣れたとしても作業性にかんしては従来型と分割型

157

で有意な差はみられない，という報告が多い．そのため従来型のキーボードは現在も主流となっている．しかしながら，主観評価や筋の緊張を測定した実験では，分割型キーボードの方が使いやすいという結果の方が優位である．特に慣れた利用者は自宅でも職場でも分割型キーボードを導入している人もいる．

　以上のことから，分割型キーボードは自然な姿勢という観点からはお薦めできるので興味がある人は使ってみるとよいと思う．ただし，必ず分割型キーボードでないといけないわけではなく，従来型のキーボードでも問題はない．キーボードを使用する作業では，長時間の連続作業や無理な姿勢で作業しないことの方が大切である．

10.3. キースイッチの感触

　パソコンのキーボードをタイプしたことがある人はそのときの感触を思い出してみて欲しい．軽いタッチのものやしっかり打鍵する必要があるものなどいろいろな種類があるが，共通しているのは何らかのフィードバックがあるということだ．キーボード操作にとってこの触覚のフィードバックは非常に重要なのである．図 10.1 に 1 つの典型的なキースイッチの特性を示す．横軸はキーを押したときの変位（沈み込む深さ），縦軸は押すときに必要な力（圧力）である．図 10.1 の場合，キーを押し始めると次第に重くなり，1.2mm ほど沈み込んだあたりで，いったん圧力が軽くなり，さらに押し込むと再度重くなり，最終的には底面にぶつかることになる．一瞬の出来事であるが，この感触がキーボードの作業性を大きく左右することがわかっている．

　多くの研究者がいろいろなキーボードを用いた人間工学実験を行なっており，結果も条件によって異なるが，1 つだけ共通した結果が得られている．それはキースイッチのフィードバック（スナップとか，クリック感とか呼んでいる）がはっきりしている方がタイプミスは少ないという点である．スナップの位置や重さ，キーの変位は慣れや好みなども影響するが，フィードバックだけははっきりしている方がよいということである．触覚による感触が乏しい場合には音によるフィードバックでも効果がある．

10.3. キースイッチの感触

最近タブレットなどタッチデバイスにおいて，ソフトウェアキーボードでタッチタイピング（10本の指を使ってタイピングすること）する機会が増えているが，それを使いづらいと感じている人も多いと思う。これには大きく2つの要因が関係している。1つは前述したフィードバックである。物理的なキースイッチであれば，スナップを指が感じることで入力されたことがわかるが，タッチデバイスにはそれがない。視覚的なフィードバックや振動による触覚フィードバックなどで代替されることもあるがまだ十分ではないということである。もう1つはホームポジションにおける待機状態姿勢の違いである。キーボードの"F"と"J"のキーには小さな突起がついている。これはキーボードを見なくても指の位置が確認できるためである。通常タッチタイピングの際には，位置確認のために"F"，"J"キーにはひんぱんに触れることになる。またそれ以外のキーにも指を置いていることが多い（親指はスペースバーに触れていることが多い）。タッチデバイスのソフトウェアキーボードの場合は，通常指を浮かせておく必要があるため，ホームポジション姿勢を取りづらいことが課題となっている。今後はタッチしただけでは入力されない，圧力を感知するタイプなども期待されている。

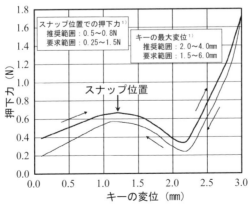

図 10.1 キーの変位と押下力の関係

10.4. キーボードの人間工学指針

キーボードにかんする人間工学的な特徴をいくつかみてきたが，キーボード設計にかんする人間工学からみた要求事項は国際標準化機構（ISO）や日本工業規格（JIS）でまとめられている。キーボードに限らず，ディスプレイや使いやすさにかんするプロセスの規格なども整備されているが，ここではキーボードについての詳細をみていくことにする。

入力装置にかんする最新の ISO 規格は ISO 9241-400：2007[1]，ISO 9241-410：2008[2] であるが，ほぼ同じ内容の規格が 2000 年に JIS 規格[3] として制定されており，現在もウェブで閲覧できるのでその規格をベースに人間工学上の要求項目をみていこう。

表 10.1 に主な要求項目と要求値，推奨値を示す。具体的な数値が要求事項

表 10.1　キーボード設計における人間工学要求事項

項目番号	項目	要求値	推奨値
6.1.1	パームレスト	—	50〜100mm（パームレストを設計に含む場合）
6.1.2	キーボードセクション	各セクションが識別できること	キーピッチの半分以上の空間
6.1.3	基準列の高さ	35mm 以下	30mm 以下
6.1.4	キーボード傾斜角	調節できない場合には 0〜15°の範囲内	5〜12°
6.1.6	キーボード筐体の縁，角の半径	—	2mm 以上
	キートップ拡散反射率	—	0.15〜0.75
6.1.7	キーボードの設置	本体から分離可能で，容易に位置変更が可能なこと	使用中安定していること
6.1.8	キーボード傾斜角調節機構	—	道具を用いず，調節できること
6.2.1	キー配列	ISO/IEC 9995 に従うこと	—
	キーの中心間距離（英数かな領域）	19 ± 1mm	—
	キーの中心間距離（上記以外）	—	15mm 以上
6.2.2	キートップの面積（英数かな領域）	110mm^2 以上	—
	キートップの面積（上記以外）	—	64mm^2 以上
	打けん面の幅（英数かなキー）	12〜15mm の範囲内	—
6.2.3	キーの変位	1.5〜6.0mm の範囲内	2.0〜4.0mm
	キーの変位及び押下力	0.25〜1.5N の範囲内	0.5〜0.8N
6.2.4	キー動作のフィードバック	フィードバックを提供すること	筋感覚によること
6.2.6	キーロールオーバー	作動順序通りに正しく検知できること	—
6.2.7	リピート機能（開始までの時間）	500〜750ms（調節できない場合）	調節可能であること
	リピート機能（リピート率）	10〜20 回/秒（調節できない場合）	調節可能であること
6.2.8	キーの文字記号の高さ	2.6mm 以上	—
	キーの文字記号の横一縦の比	英数字：50〜100％	漢字かな：80〜120％
	キーの文字記号の高さとストローク幅の比	英数字：5:1〜14:1	—
	キーの文字記号のコントラスト	3:1 以上	—
6.2.10	数字キーパッドの配列	123 配列（電話機配列）又は 789 配列（電卓配列）	123 配列（電話機配列）

10.4. キーボードの人間工学指針

として定められていることがわかる。"要求値"は遵守すべきものであり、"推奨値"は遵守することが望ましいとされるものである。

10.4.1 パームレスト（表10.1の6.1.1）

デスクトップパソコンのキーボードの場合には、机がパームレスト（リストレスト、アームレストと呼ばれることもある）として使えるので必要とされないが、ノートパソコンでキーボードの位置が奥にある場合には、パームレストとして少なくとも50mm設けることが要求されている。必要な広さは手の大きさによって異なるので、手の大きな人は十分な広さがあるかを購入するときに確認するのがよい。

10.4.2 基準列の高さと傾斜角（表10.1の6.1.3, 6.1.4）

キーボードの厚みがあると使いづらいことから、基準列（手前から3列目）の高さは35mm以下が要求されている。キーボードの操作しやすさは姿勢との関係で決まるため、姿勢に応じて傾斜することが望ましい。ノートパソコン利用の人間工学ガイドライン[4]では、写真10.4に示すように本などをはさんで傾斜をつけて、手首がまっすぐになることを推奨している。人間工学は作り手が工夫するだけでなく、使い手（利用者）が工夫することの大切さもこの写真からわかってもらえると思う。

写真10.4　手首がまっすぐになるようなキーボード傾斜[4]

10.4.3 キーの中心間距離（表 10.1 の 6.2.1）

スマートフォン等で画面上の小さな QWERTY キーボードを使うこともあるが，一般的なキーボードの英数かな領域のキー中心間距離（キーピッチ）は，19mm ± 1mm と決められている。前述した一貫性の観点から，いろんな大きさのキーがあるとタッチタイプがしづらくなるからである。近くにあるキーボードの寸法を測ってもらうとわかるが，ほとんどが 19mm で，小さめノートパソコンの場合にたまに 18mm のものがあるかもしれない。この大きさの起源は 4 分の 3 インチ（19.05mm）であるが，最近は 19mm という表記になっている。タッチタイピングをしないキーに対しては，厳密な要求はないが，15mm 以上が推奨されている。

10.4.4 キートップの面積，形状（表 10.1 の 6.2.2）

人間工学規格では，キートップの打鍵面の面積や形状も規定している。極端に小さいと押しづらいこと，大きすぎると隣のキーと干渉して同時押しを引き起こすためである。キートップの形状は，凹型，フラット型，凸型があり，英数かなキーのように指先でタイプするキーは凹型かフラット型が要求されている。一方，スペースキーのように親指の腹で打鍵する場合には，フラット型か凸型が要求されている。これまで気づかなかったかもしれないが，このような小さなところにも人間工学的な配慮がなされているのである。

10.4.5 キーロールオーバー（表 10.1 の 6.2.6）

キーロールオーバーという言葉を聞いたことがあるだろうか。これは複数のキーが押された場合，その複数キーが押された順序を認識できる機能のことである。高速でタイピングする場合には，1 つのキーが押されてオン状態になり，オフになる前に別のキーが押されてオンになるということが生じる。このとききちんとすべての入力を認識するために，このロールオーバーが必要となる。例えばキーボードの数字キーを 1 から順に押してみよう。押したキーを離さずに押したままにして，1，2，3，4，5・・・と押したとき，どの数字までが入

力されるか確認してみよう。2までだと2キーロールオーバー，3までだと3キーロールオーバーという。実用上問題ない回数まで対応しているものをNキーロールオーバーと呼んでいる。もしこの機能がなかった場合には，高速タイピングができないことがわかってもらえただろうか。

10.4.6 おわりに

表10.1の項目をいくつか抽出して紹介したが，他にも細かい要求があることがわかると思う。キーを押したままにしたときには，そのキーがリピートされる機能(6.2.7)やキーに印刷されている文字の読みやすさを提供するために，その大きさや文字の太さ，コントラスト（6.2.8）なども含まれている。普段何気なく利用している機器も注意深くみてみると設計者の思いが見えてきて面白いかもしれない。

【コラム⑩-1】ドボラック配列

10.1.1で紹介したQWERTY配列は，「多くの人にとって必ずしも効率のよい配列ではなく，もっと効率のよい配列も提案されてきた」と述べた。その代表例は，ワシントン大学のオーガスト・ドボラック（August Dvorak）博士が考案したDvorak Simplified Keyboard（DSK）である。1936年にその特許を取得し，実験やタイピングコンテストなどでその優位さは明らかに証明されている。一般にDvorak配列と呼ばれ，その特徴は左手のホームポジションに母音を配置し，左右の指が交互にタイプする確率を上げていることである。結果として作業効率がよいだけでなく，腱鞘炎等の反復運動過多損傷（RSI）の予防としても注目されていた。しかしながら，広く普及したQWERTY配列のシェアを覆すことはできず，一端普及した標準のロックイン効果の説明として用いられることが多い。ただ，Dvorak配列はまったく消失してしまったわけではなく，Dvorak配列をエミュレートするソフトウェアも存在する。タブレットやスマートフォンなどの普及もあり，今後ソフトウェアキーボードが広まり，ハードへの依存度が下がってくると，再度広まる可能性はあるかもしれない。

【コラム⑩-2】新 JIS 配列

　Dvorak 配列と同様なことが日本語のかな入力でもあった。日本語入力はローマ字入力が主流であるが，かなを直接入力するかな入力も可能である。ローマ字入力は，一文字入力するために，母音以外は 2 ストローク必要であるが，かな入力は 1 ストロークでよいため，一般に打鍵数は有利である。ただし，ローマ字入力は最小 23 文字を覚えればよいが，かな入力の場合，50 文字以上を覚える必要があることなどからローマ字入力が主流となっている。

　現在のキーボードの多くのかな配列は，JIS X6002-1980 がベースになっているが，この配列も複数の難点が指摘されている。手前から 5 列目の数字が配置されている列にも頻度の高いかなが配置されていること（かな入力に 4 つの列を使用する必要があること）や使用頻度が考慮されていないなどが主な理由として，全面的に改良した新 JIS 配列 JIS X6004-1986 が制定された。制定に際して，高校教科書 9 教科 9 冊 130 万文字，天声人語 16 万語などの大量の資料が使われ，左右の手を交互に使う頻度を上げる，片手を連続して使用する場合，同じ指が連続する頻度を最小にするなどの点が改良された。制定当初は新 JIS 配列のキーボードやワープロが各社から発売されたが，結局，「使用実態がない」ということで 1999 年に廃止された。日本語入力のキーボードにかんしては，上記以外に，親指シフトの NICOLA や TRON など特徴的なキーボードも有名である。

参考文献
1) ISO9241-400：Ergonomics of human system interaction-Part400, Guiding principles, introduction and general design requirements for physical input devices, 2007.
2) ISO9241-410：Ergonomics of human system interaction-Part410, Design criteria for physical input devices, 2008.
3) JIS Z8514：人間工学―視覚表示装置を用いるオフィス作業―キーボードの要求事項．2000.
4) 日本人間工学会テレワークガイド小委員会：2010 年版ノートパソコン利用の人間工学ガイドライン，2010.
　　https://www.ergonomics.jsp/official/page-docs/product/guidoline/notePC-guideline-2010.pdf
　　（2014 年）

10.4. キーボードの人間工学指針

【ブックガイド】

・「デザイン人間工学の基本」，山岡俊樹編，武蔵野美術大学出版局，2015.

　人間と機械（システム）との調和を考える人間工学の教科書。基礎編には定義，人間の身体と情報処理，計測手法など，応用編にはヒューマン・マシン・インタフェースの設計・デザインにかんしてまとめられており，キーボードの人間工学設計についても記述されている。

第Ⅱ部　人間工学によるモノづくりの事例

第11章　住宅
―住宅の空間と設備機器の人間工学設計

　住宅に限らず，建築物は"しきたり"に従って作られている。しきたりとは経験の積み重ねから淘汰，整理された体系である。そのしきたりに"慣れ"が加わることにより，住宅の性能を担保することになっていた。ところが，住む人が変わり，生活の仕方も大きく変化した。設計の対象となる人も多様になってきた。その結果，根拠が忘られたしきたりでつくられた住宅は生活にそぐわなくなってきた。

　超高齢社会を迎えた日本では，誰にとっても安全で，快適に，いつまでも住み続けることができる住宅が望まれている。そのような住宅を実現するために，住宅を構成する空間や部位の性能要件を探る研究が進められてきた。この章では，暮らし方や人の寸法が変化してきて生じた住宅のつくり方の見直しの必要性を論じ，使う人，住む人の変化に対応するための研究事例と空間や住宅部品づくりに応用できると思われる研究成果を紹介する。

―――― キーワード ――――
手すり，使いやすさ，家庭内事故

11.1. はじめに

　古来，建物は建築される場所で入手しやすい材料を用いてつくられてきた。寸法も簡単に手に入る人体を基準としていた。身体尺と呼ばれるものである。cmに換算すると30.3cmになる一尺は，その昔は手を広げた際の親指の先から中指の先までの距離を指していた。中指と親指が直角になるとおおむね18cmほどである。尺という漢字はその時の手の形を表している。そして，生活する空間は人の寸法を基準にして高さや広さが決められていた。いつしかその寸法の裏付けが消えてしまい，寸法体系がしきたりのカタチで受け継がれるようになった。

　生活空間を生み出すための構成材の寸法の決め方も，しきたりの1つとして伝えられてきた。柱や梁の断面形状や長さは，空間の大きさに従って決められている。いわゆる"木割り"であるが，これに従えば細かいことを考えなくても調和のとれた典型的な日本の住宅をつくることができた。このしきたりには，単に物理的な空間寸法だけでなく，天井の中心部をつり上げることで天井のタルミを感じさせない，などといった空間の見え方などを考慮した設計作法も含まれている。

　そして，しきたりに"慣れ"が加わることにより，住宅の性能を担保することになっていた。同じような人が同じように生活するので，何軒か住宅をつくれば，それなりの性能を確保できた。製作者自身が生活者でもあるためでもあろうか，限られた人の限られた生活に適合するような住宅を提供してきた。特に日本の住宅では空間寸法の基準として畳を用いることで共通の広さ感覚を共有する。空間の広さに応じて材料の寸法を変化させて人の寸法と材料の寸法についての決まり事（しきたり）を守れば，詳細な設計図を準備しなくても調和のとれた住宅をつくることができた。

　ところが，住む人の体格が大きくなり寿命も長くなった。生活も複雑になり室区間の用途が多様化してきた。長い人生の間には個人の心身と家族の変化が生じる。家庭内における不慮の事故死は年々増加している。とりわけ浴室等で

の溺死・溺水による死亡者は 4,000 人／年を超え，その内，65 才以上の高齢者の占める割合が約 90 ％になっている（図 11.1）[1]。また，身体機能が低下したときに自宅のトイレが使えないことになることもある。改めて，使う人，住む人の要求にあった住まいの性能要件を確立する必要性が高くなってきた。従来は対象外であった人々の使い勝手を考慮した新しい部品や空間が必要になった。特に，長寿社会であるわが国では，しきたりをもとにつくられた住宅ではいつまでも住み続けることが困難であることがわかってきた。そして，誰もが住み続けることを想定すると，住宅の性能要件の解明が不十分であることもわかってきた。1990 年に国土交通省（当時は建設省）により長寿社会対応住宅設計指針が策定される際に，性能の数値化が要求された。手すり 1 つをとってみても，「丈夫で握りやすい手すりを適切な位置に取り付ける」というような具体性のない仕様では設計できない。そこで，人間工学による住宅の見直しが

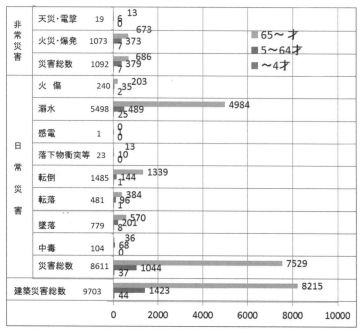

図 11.1　家庭内での不慮の事故による死亡者数（2012 年人口動態統計）[1]

始まった。

11.2. 住宅での人間工学の考え方

医療分野ではQOL（Quality Of Life：生活の質）の向上という言葉が用いられる。住宅づくりはまさにこのQOLの向上そのものである。住宅には幸福感やくつろぎ感が期待される。家事空間では作業効率の高さも求められるが，そこには別の視点である生活の楽しさが加味されなければならない。例えばキッチンでの調理作業の効率を重視し，作業時間や最大酸素摂取量といった客観的な指標で疲れにくさを評価してきた。加熱機器とシンクと冷蔵庫の位置を結んでできる三角形（ワークトライアングル）の長さにより設備機器の配置を検討してきた。このような評価方法に加えて，作業中での他の家族とのかかわり具合なども重視されるようになった。調理する人の孤立感を少なくする対面式キッチンの提案もその1つである。住宅設備や空間の性能を検討する際には，客観的な指標による評価だけでなく，人がどう感じるかといった主観評価も重要な意味を持つ。効率のみで判断することは生活の場である住宅にはふさわしくないことがある。例えば動線計画上では効率のために最短距離を重視することになるが，庭を眺めるために少し遠回りしながら部屋に行き着くといった楽しみも大切にしたい。

住宅づくりにおける人間工学の応用では客観的な評価方法と生活者による主観的な評価方法を組み合わせて行うことが多い。主観的な評価として官能評価（コラム⑪－1参照）が一般的である。寸法や形状の異なる試験体を作ってみて使い勝手を評価する。主観評価においては実験するときの環境が影響を及ぼす。できるだけ普段の生活を再現することに留意したい。

11.3. 使う人，住む人の体の変化に対応する人間工学

11.3.1　廊下・出入り口の人間工学

設計の基本となる寸法体系（モジュール）を決定する数値が大きく変化している。まず人の寸法が変わってきた。明治時代初期の成人男子の平均身長は約

155cm といわれているが，2007年では170cmを越えている。これは出入り口の高さや作業台の高さに直接影響する。廊下や出入り口の幅に対しては寸法変化の影響よりも歩行形態の変化の影響の方が大きい。長寿社会の進行に伴い，介助車いすの通過寸法を住宅設計に反映することが社会的に求められるようになった。介助車いすは介助者が操作するため車輪の径が小さいので全長も短く，通過に必要な幅寸法も自力走行車いすより小さくなるが，それでも立位歩行に比べて広い寸法が必要となる。介助車いすを用いてコーナー部や方向転換のためのスペース計測が行われ，直進部（廊下）の有効幅を78cm以上（出入り口などの部分的に狭くなる部分は75cm以上），曲がり角がある場合は80cm以上にすることが決められている[2]。

11.3.2　ハンドルやスイッチの人間工学

(1) 日常的に発揮する力

住宅の設計対象は健常成人であった。しかし，最近は高齢者の増加などによりすべての人を対象に設計すべきであるとされるようになってきた。そこで問題となる住宅内での動作・行為の1つに開閉操作がある。住宅では窓やドアの開け閉めをひんぱんに行う。体力テストのような最大発揮力を調べても日常的な使用感を検証できない。（一社）人間生活工学研究センター（以下，HQL）が行った各年代の発揮力の測定結果を図11.2に示す。片手で負担に感じない重さ（発揮力）はどの年代を見てもおおむね1kgf以下であり，3kgf以下なら比較的楽と感じるといえよう。筆者らによる高齢者を被験者とした建具の操作力を調べる実験でも同様の結果が出ており，3kgf以下ではハンドルの形状で開閉の容易さが異なり，3kgfを超えるとハンドル形状にかかわらず開閉に困難さを伴う。

(2) 操作しやすい位置

手の届きやすい高さはスイッチやドアハンドルの位置や収納装置の棚高さを決定付ける。HQLが全世代を対象にものの置きやすさにかんする高さ調査を行った。その結果をもとにし，筆者が判断した手の届きやすい高さ，届きにく

11.3. 使う人，住む人の体の変化に対応する人間工学

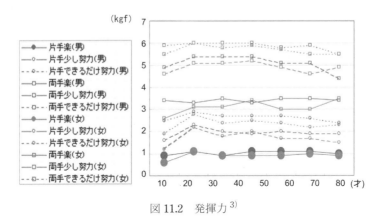

図 11.2　発揮力 [3]

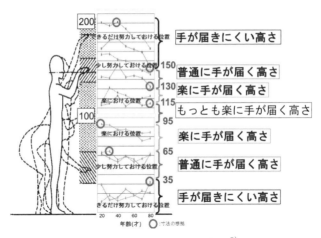

図 11.3　手の届きやすい高さ [3]

い高さを図 11.3 に示す。

11.3.3　手すりの人間工学

　手すりは握るだけでなく手を添えたり，手のひらで支えたりする使い方をすることがあり，動作を補助するものと姿勢を安定させるものに大別できる。動作を助ける手すりには，しっかり握って足腰への負担を分散して受け持つもの

171

と，体重移動をしやすくして立ち座りを補助するものがある。前者はトイレの側壁に取り付けたL字型のものが代表的であり，昇るときに利用する階段手すりや浴槽内で立ち座りするときに用いる手すりもこの種のものである。後者は棚型手すりが代表的である。手すりではないが，椅子のひじかけやテーブルの天板も同じような使い方をされることがある。姿勢を安定させるものには，しっかり握らなくても手を添えた程度でバランスを保つ効果がある。玄関手すりは上がり框(かまち)の昇降時に動作を補助することもあるが，多くの場合は片足立ちの不安定な姿勢をとるときに姿勢を安定させる使い方がされている。

(1) 手すりの性能要件

手すりは「しっかり握れる」形状のものを「握りやすい位置」に「頑丈に取り付ける」とされている。

「しっかり握れる」とは力をかけやすい断面形状であることである。一般的には断面形状が円形であるものが推奨されている。凹凸を付けるなどの滑りを減少する形状も考えられるが手のひらに痛くない形状としたい。1980年代に病院のトイレなどで手すりが普及し始めたころに使われているものは直径38mmのステンレスパイプであった。また住宅の階段には直径50mm以上の丸太を磨いて用いることも多くみられた。しっかり握ることができる寸法を調べる実験が行われ，直径35mm以下が好ましいとされている[4]。

「握りやすい位置」は，手すりの使われ方で変わる。しっかりと握って動作を補助する手すりは動作前に手が届くことが必要であり，動作した後に適切な位置についていることが望まれる。階段手すりの上下を延長するように推奨されている理由は，階段の始まりと終わりを知らせることでもあるが，階段の終わりで手すりがなくなっていると上がりきった時に手の握り位置が後方にとどまり，上体を後ろにひかれた姿勢になり危険であるためである。

「頑丈に取り付ける」とは手すりにかかる力に十分に耐える強度を持つことであり，手すりにかかる荷重を調べた実験研究では，車いす使用者などのさまざまな使い方を想定した場合に最大150kgfであり，通常の使い方では60kgf以下である[5]。筆者らが行った歩行が可能な高齢被験者14名の立ち座り実験

11.3. 使う人，住む人の体の変化に対応する人間工学

	荷重（N）	
	縦部	横部
鉛直(x)	50.8	67.5
水平(y)	44.3	20.2
水平(z)	48.4	25.2

図 11.4　立ち上がり動作時の荷重

で日常的な使い方では壁付き手すりにX，Y，Zの3軸方向に100N（約10kgf）を超える力を加えた被験者はいなかった（図11.4）。各国のバリアフリーの建築基準をみると，手摺りの取り付け強度はおおむね1100N（112kgf）から1300N（133kgf）である[6]。

(2) トイレ用手すり

まずは手すりの効果について考えてみる。図11.5は縦手すりを用いた立ち座り動作と用いない立ち座り動作を側方から動画で撮影して主要な部分の動きをスケルトン図で示したものである。頭頂部，肩峰部，手首，腰，膝，足首の動きから比較すると，手すりを用いて立ち座りする場合の方が前後方向に動く幅が小さく，重心移動量が少なくなっており，動作が安定しているといえる。

トイレでは便器の横壁にL字型手すりが取り付けられる。垂直部分が便器への立ち座りや便器前で体の向きを変更するときに用いられ，水平部分は便器に座ったときの姿勢安定用とされている。しかしながら，トイレ内の動作は確認されにくいので，どのような使い方をされているかは不明である。実際には水平部分を上から押して立ち座りするときに使用するケースも考えられる。使用実験で適切と思われる押し位置を確認すると図11.6のようになった[7]。身長等の身体寸法により幅を持った寸法となっている。垂直部分は便器前に立ったときに体の側面になる位置が，また水平部分は市販品の推奨取り付け位置に対して低めの位置が好まれている。住宅用としてL字型手すりの水平部分を

第 11 章　住宅

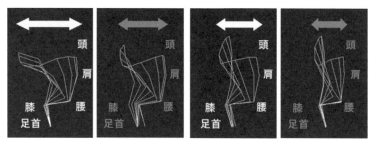

図 11.5　手摺り使用時と不使用時の動作の違い
（左から順に手すり無し座り時，同立ち上がり時，手すり有り座り時，同立ち上がり時）

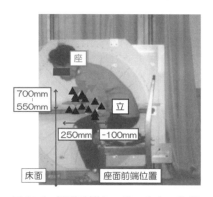

図 11.6　棚型手摺りの使いやすい位置

図 11.7　浴槽またぎ越え用手すり

棚形状にした手すりが製品化されている。棚型手すりは上から押して使われることを想定しており，上記結果から判断すると棚板上部の高さは 65cm 程度が適切と思われる。

(3) 浴室用手すり

浴室では，浴室出入り口開閉操作時の姿勢安定用手すり，浴槽またぎ出入り用手すり，洗い場での浴用イスの立ち座り用手すり，浴槽内での姿勢安定用手すりが求められる。歩行が困難になると洗い場での伝い歩き用手すりも考えられる。住宅性能表示制度（コラム⑪-2 参照）の高齢者等配慮性能の等級 3 ではこのうち浴槽またぎ出入り用手すりの設置が必要になっている。高齢者の使用を配慮したユニットバスの基準では，当初は洗い場側と浴槽側に 2 本必要と

されていたが，入浴実験の結果，図 11.7 に示す破線部（浴槽と洗い場の境界線の上部ないしその両側 10cm 以内）に一本設置すれば用をなすことがわかった。

11.4. 暮らしの変化に対応する人間工学

11.4.1　浴室の人間工学

1960 年代にユニットバスが開発され，折からの住宅建設ブームと相まって住宅内に浴室が設置されるようになった。しかしながら家庭内での不慮の事故死のなかで一番多い事故種は溺死であり，その多くが高齢者であることから浴室のつくり方を考え直す必要が生じ，事故を未然に防ぐ安全性と自宅で入浴できる期間を長くする工夫が求められる。安全性では床や浴槽底の滑りにくさ，姿勢を安定させる手すり，非常通報装置，災害発生時の救出のしやすさが求められる。自宅で入浴できる期間を長くするためには，歩行手段の変化に対応して浴室への出入りや浴槽への出入りを容易にすることが求められる。また，身体機能に応じた浴用イスの寸法とそれに適合する機器配置を検討する必要がある。重度の介助が必要な入浴は地域の福祉施設の利用を考慮できるので，自宅では介助によるシャワー浴が容易にできる程度の性能を備えておきたい。

(1) 浴室の出入り口位置

介助シャワー浴を行うために，キャスター付きシャワーチェアー（以下，シャワーキャリー）が浴室洗い場に進入でき，介助者が被介助者のまわりで動くことができるスペースを確保することが必須である。

出入り口の寸法はシャワーキャリーが通過できる寸法を確保し，床の段差も通過可能な範囲に納めなければならない。これらは物理的な条件であるが，介助シャワー浴を行うためには，浴室の出入り口と洗い場の位置関係に留意しなければならない。

ユニットバスは一坪タイプと称される内寸が 1.6m × 1.6m の寸法のものが一般的である。洗い場の長辺側に出入り口があると，シャワーキャリーを浴室内で 90 度曲げなければならない。図 11.8 に示す実験は内法が 1.8m × 1.8m のものであり若干広いが，それでもシャワーキャリーを洗い場内に進入させて直

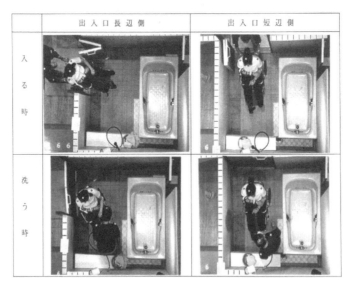

図 11.8　シャワーキャリーによる介助シャワー浴の実験

角に曲がるときに，浴槽側面にぶつかってしまい操作しにくい．洗い場短辺側に出入り口を設置すると，シャワーキャリーは直進するだけで良い．内寸が 1.6m × 1.6m の寸法のものでは介助者のスペースが少し狭くなるが，浴槽内を利用するなどして，なんとか被介助者のまわりを移動できる[8]．

(2) 浴槽設置高さ（エプロン高さ）

通常は洗い場から浴槽内への移動は立位で行う．その際に浴槽縁はまたぎやすい高さに設定しなければならない．浴槽内の寸法は浴槽に体を沈めて肩まで浸かるための寸法が人体から決定される．和洋折衷といわれるタイプの浴槽内の深さは 50cm 前後である．浴槽内に段を設けて出入りを楽にする工夫が必要であるが，住宅ではそれほど大きい面積を浴室に割くわけにはいかないので，一般的な浴槽になる．そこで，危険性が少なく出入りしやすい寸法を求めた．洗い場側の浴槽縁高さを 5cm ごとに変化させ，出入りを行う．湯水の影響は深さが浅く感じることと，浮力として働くために安全側であると判断して実験は浴槽内を空の状態で行なった．入りやすさと出やすさについて 5 段階の官能

11.4. 暮らしの変化に対応する人間工学

図11.9 浴槽またぎ高さ実験風景

評価で各高さを評価した。また動作の様子を側面からビデオカメラで撮影し，動きの滑らかさを確認した。さらに壁面には10本の手すりを設け，被験者が望む位置の手すりを自由に使ってもらった。官能評価結果では洗い場エプロン高さが35cmから45cmの範囲がまたぎやすいとされた。動作を見てみると洗い場側の床が高い場合（エプロン高さが低い場合）はまたぎおえた後，浴槽底に落ちるような動作が見られた（図11.9）。長寿社会対応住宅設計指針ではエプロン高さを30cm～50cmの範囲とするように定められた。なお，エプロン高さを40cmにすると，立位で浴槽縁をまたぐことが困難な場合に浴槽縁に腰掛けて移動する動作を行う際にも適している。

(3) 浴用イスと洗い場の洗面器置き台高さ

給湯シャワーが普及したので，洗い場での洗面器（洗い桶）の使い方が変化している。浴槽に洗面器（洗い桶）を入れて湯をくんでいたかけ湯もシャワーを用いて直接湯をかぶる方式に替わるようになった。また，洗面器に湯をためて洗顔する人も減りつつある。とはいえ，洗い場ではまだまだいろいろな洗面器の使い方があるはずである。そこで，洗面器を置いてタオルをゆすいだり顔や手を洗ったりする際の洗面器の適正置き高さを調べた。浴室洗い場では浴用イスを使うことを前提に，浴用イスと洗面器置き台の高さをいろいろと変えて洗顔やタオル洗いを行った。身体機能の低下により，低い椅子では立ち座りし

にくくなる。浴用イスが高くなると足先に手が届きにくくなり，床に置いた洗面器は使えないことになる。顔を洗うことを想定した実験では洗面器置き台は浴用イスの座面より高くする必要があることが確認された[8]。シャワーフックの高さも規定値の床から 100cm の高さは浴用イスが低い時代のものであり，見直す必要がある。

(4) 浴槽に浸かる動作

浴槽内で浴槽に体を沈める動作を調べてみると体を下げる動作と足を前に出す動作をほぼ同時に行う被験者が見られた[9]。動作中に勢いづいて背中が浴槽背もたれにあたったり，浴槽底で滑ったりすると転倒や溺れに繋がるものと思われる。浴槽の底の滑りにくさと適度な背もたれ勾配を考慮する。

(5) その他の配慮事項

出入り口はシャワーキャリーで通過できる幅とし，敷居段差が 2cm を越えないようにする。幅が広いと乳児を抱きかかえての通過も楽になる。また出入り口には浴室内で生じる事故の際の救出のしやすさも求められる。浴室内に開く内開きドアでは倒れた人に建具が当たり開きにくくなる。石けん水を介しても滑りにくい洗い場床や浴槽内での姿勢を安定する手摺りを備え，伝い歩きなどのための手摺りの将来的な設置も考慮する。浴槽には腰をかけて出入りすることができるプラットホームをつけていると自力で入浴する期間を延長できる。また，打撲事故を起こしにくいようにシャワーなどの突出物の形状にも配慮する。

11.4.2 階段の人間工学

(1) 階段の寸法

一段の高さである蹴上げ(けあ)と段板の奥行きである踏面(ふみづら)の寸法について建築基準法に最低限の基準が定められており，住宅の階段ではそれぞれ 23cm 以下，15cm 以上となっている。この寸法は町屋の標準的な設計寸法をもとにしているので，実際にこの寸法で設計すると危険な階段になる。段差が 18cm を超えると下降時に下の段板に加わる衝撃力が急激に増加するという実験報告があ

11.4. 暮らしの変化に対応する人間工学

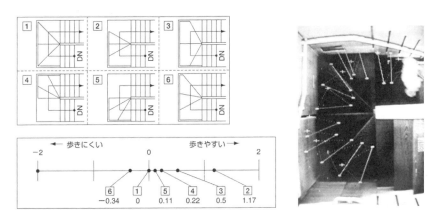

図 11.10　曲がり段昇降実験
一般的な4段回り階段は歩幅があいにくく肩の動きも乱れている

り，蹴上げを 18cm 以下にすべきであるとされている。踏面にかんしては足の裏にある親指の付け根の丸くなった部分（拇趾球）が下降時に段板上に乗る寸法を調べてみると最小でも 20cm は必要である。

(2) 曲がり階段の形状

途中に三角形の段板を持つ曲がり階段は踏み外す可能性が高いことから避けたい階段形状である。しかし，面積の限られた住宅では階段に割り当てる広さの制限もあり曲がり階段にせざるを得ないことが多い。180 度の曲がり部分を6段に分割する曲がり階段は踏みはずす可能性が高いので論外といえる。90度の曲がり部分を3段に分割する曲がり階段も同様に危険であるのできるだけ避ける。180 度の曲がり部分を4段に分割する場合は従来は均等割にしていた。この部分を6種類の形状に分割した階段で昇降実験を繰り返したところ，曲がり段部分を 60 度，30 度，30 度，60 度と不均等にしたパターンがもっとも安定性が良いことが官能評価と動作解析で判明した。60 度の広い段が踊り場のような働きをし，30 度の狭い段板部分は直線階段のような使い方をされる（図 11.10）[10]。

11.4.3　キッチンの人間工学

生活が豊かになり食生活が大きく変化した。食材の種類が増え，食品の提供のされ方や調理機器の開発普及がキッチンでの調理作業に影響を与えキッチンのつくり方を見直す必要性が生じてきた，住む人の食生活の選び方もさまざまである。住宅内でまったく料理をしない住まい方も可能である。反対に日常生活において調理師並みに料理に凝ったり，多人数で楽しみながら調理したりする家庭もあり，住宅のキッチンはますます多様性を要求されるようになった。

(1) ワークトライアングル

ワークトライアングルとは，シンクと加熱調理器と冷蔵庫の前面中心を頂点として描いた三角形のことであり，調理作業のスムーズさを評価する。3辺の和が3.6mから6.6mの範囲にあれば適切とされている。直線配置の場合は3角形が成立しないので冷蔵庫を含んだ間口（正面から見た幅）が2.7mから3.6mが使いやすいとされている（図11.11）[11]。電子レンジの使用頻度の高さや加熱機器の温度管理技術の進化，食器洗浄機の普及，食品洗浄の減少などで，この3点を頂点とした三角形による評価も見直した方がよい時代になったと思われる。

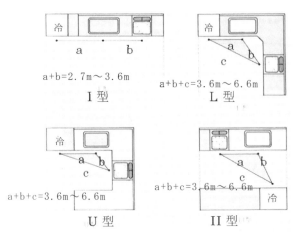

図11.11　ワークトライアングル[13]

(2) ワークトップ高さ

キッチンセットは同じ高さの天板（ワークトップ）をカウンター状にし，それに加熱機器やシンクを埋め込むカタチが通常である．その天板高さは使用者の身長を2で除して5cm加えたものが適切であるとされている．日本工業規格(JIS)では天板高さとして80cmと85cmと90cmの3種類が定められている．しかしながら，作業面の高さでとらえると違った視点で検討することになる．キッチンでの主な作業は，洗う，切る，加熱する，の3種類であるが，それぞれに適した作業高さがあり，一様ではない．天板高さにあわせたシンクではシンク底高さが低くなり，腰に負担を与える前傾姿勢を強要する可能性がある．またガス熱源コンロではカウンター上に五徳を設置することになり，鍋やフライパンの位置が高くなる．鍋底の見にくさやフライパンのとり回しの困難さが予想される．筆者らが行った実験ではJISの数値の根拠になった身長とキッチン天板高さの相関式に比べて，シンク部分では約2cm高め，加熱部分では約8cm低めの評価が高かった（図11.12）[12]．

(3) キャビネット形状

時間がかかる調理作業は座って行いたい．しかし，立って行う動作と座って行う動作の適切な高さは異なり均一化しにくいので，テーブル高さ程度の作業カウンターを設けておくことが好ましい．カウンター下にスペースを設けておくと，不安定なものの座面の高いストール状の椅子を用いることができる．このスペースは立位作業をする際にもよりキッチンセットに体を近づけやすく，腰への負担を軽減することになる（図11.13）[13]．

【コラム⑪－1】官能評価

官能評価とはヒトの感覚で対象物を評価することである．目的により品質評価を行う分析型官能評価と香料や食品などの評価を行う嗜好型官能評価がある．一般的に，被験者の回答は，使いやすさを例にとると「使いやすい」，「普通」，「使いにくい」といった3段階や，途中に「やや使いやすい」，「やや使いにくい」を加えた5段階，また「非常に使いやすい」，「非常に使いにくい」を

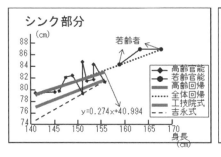
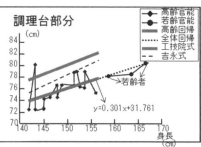
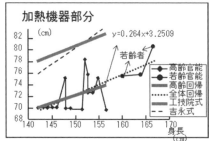

図 11.12　作業ごとの適正高さと身長の関係
（被験者　16 名の高齢主婦／平均年齢 70.6 歳／平均身長 145.3cm）

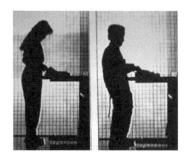

図 11.13　高齢者と若年者の作業姿勢の違い

左）若年者は直立した姿勢だが，高齢者はより近づいて立ち足を前後に開いてバランスをとり，シルエットは S 字型になっている。
右）下部にキャビネットがあると，膝やつま先がやや離れて立ち，前傾姿勢となる。身体機能が低下した高齢者は，足を前後に開いてバランスをとりながら作業する方が楽である。

加えた 7 段階で求められ，それぞれの回答を数値化して集計する。特に対象物を一対にしてそれぞれを比較する方法を一対比較という。これらで得た各群の平均値から，統計的に多重比較を行う方法の 1 つであるシェッフェ法等を用いて対象物の比較を行うことできる。

【コラム⑪-2】住宅性能表示制度

住宅性能表示制度とは「住宅の品質確保の促進等に関する法律」に基づく制度である。住宅の性能にかんする表示の適正化を図るための共通ルール（表示の方法，評価の方法の基準）を設け，消費者による住宅の性能の相互比較を可能にする。構造耐力，省エネルギー性，遮音性等の 10 項目の性能について等級表示されている。高齢者等配慮性能はそのうちの 1 つであり，移動の安全性と介助の容易性を 5 等級で示している。等級 1 が建築基準法を守るレベルで等級が上がるほど配慮性能が高くなり等級 5 がもっとも高齢者等に配慮した性能になる。この性能は専用空間と共用空間のそれぞれについて評価される。

参考文献
1) 国土技術政策総合研究所 HP　住宅研究部住宅生産研究室データ
 http://www.tatemonojikoyobo.nilim.go.jp/kjkb/report/report20140331/index.php/（2014 年）
2) 国土交通省:住宅の品質確保の促進等に関する法律 性能表示制度 高齢者等配慮性能省, 2001.
3) 古瀬敏，後藤義明，杉本芳英：高齢者に対応した手すりのあり方に関する研究 その 1. 手すり直径の評価に関する基礎的実験，日本建築学会大会学術講演梗概集 E-1 分冊，pp.799-800，1989.
4) 久保田一弘，田中眞二，徳田良英，加藤正男，庄司辰夫，後藤義明，布田健，古瀬敏：種々の行為・動作時の手すりにかかる荷重 立ち座りの補助として使われる各種手すりに関する人間工学的研究 その 1, 日本建築学会大会学術講演梗概集 E-1 分冊, pp.841-842, 2005.
5) 建築技術：(株) 建築技術 2007 年 11 月, pp.110-113, 2007.
6) 田中真二，木村岳史，後藤義明，庄野隆，布田健，古瀬敏：L 型手摺の使われ方に関する実験 立ち座りの補助として使われる L 型手摺に関する研究．その 1，日本建築学会大会学術講演梗概集 E-1 分冊，pp.749-750，1998.
7) 後藤義明，相良二朗，田中直人，中島康生，田中真二，堀田明裕：介助動作に必要な便所及び浴室のスペースに関する実験，日本建築学会計画系論文集 512 巻，pp.145-151, 1998.
8) 吉田泉，後藤義明，古瀬敏，中村孝之，木村岳史：高齢者に適した浴用イス及び洗面器

高さに関する研究所　その1．浴用イスと洗面器の高さに関する検討，日本建築学会大会学術講演梗概集 E-1 分冊，pp.973-974，1994．
9) 矢田肇，古瀬敏，菊地康幸，後藤義明，浮谷典誠：高齢者に適した浴室手摺のあり方に関する研究　その4．浴槽内での座り込み及び立ち上がり動作の基礎的観察，日本建築学会大会学術講演梗概集 E-1 分冊，p.933-934，1993．
10) 小西健夫，後藤義明，古瀬敏：高齢者に適した折返し階段曲がり段形状，日本建築学会大会学術講演梗概集 E-1 分冊，pp.661-662，1993．
11) Spaces in the home. kitchen and laundering spaces
12) 中村孝之，後藤義明，小西健夫，古瀬敏：高齢者に適したキッチンの形状・寸法　その2　キッチン適正高さに関する検討，日本建築学会大会学術講演梗概集 E-1 分冊，pp.659-660，1991．
13) 後藤義明，小西健夫，中村孝之，古瀬敏：高齢者に適したキッチンの形状・寸法　その1　キッチン作業姿勢に関する検討，日本建築学会大会学術講演梗概集 E-1 分冊，pp.657-658，1991．

【ブックガイド】

・「生活空間の体験ワークブック－建築人間工学からの環境デザイン」，日本建築学会編，彰国社，2010．

　日本建築学会建築人間工学小委員会の委員らが中心になって執筆したワークブックである。身体寸法・感覚・知覚・生理・心理・行動にもとづいた建築デザインの視点について演習を通じて学ぶように編集されている。

・「建築・都市のユニバーサルデザイン　その考え方と実践的手法」，田中直人，彰国社，2012．

　生活空間にユニバーサルデザインを取り入れるために多くの事例を紹介しながらその設計手法を取り上げている。外部空間から公共建築物そして居住空間まで，豊富な実践経験を有する著者がわかりやすく解説する。

・「高齢者が住みたい家－ユニバーサルデザインで快適にくらす」，山根千鶴子・後藤義明，講談社，1999．

　住宅の各部の設計にかんして，玄関，寝室，トイレ等の住宅に必要な部位を加えてさらに詳しく解説している。現在は廃刊されているが図書館等で閲覧は可能である。

・「NA 選書　危ないデザイン」，日経アーキテクチュア編，日経 BP 社，2011．

11.4. 暮らしの変化に対応する人間工学

　副題に「建築設計や運用に使える知見を事故に学ぶ」とあるように集合住宅を含む建築物にかかわる重大事故の発生事例を取り上げ，その原因を検討し，対策を紹介している．転落事故では階段や吹き抜け空間，バルコニー，庇からの転落，墜落に加えて，子供部屋の手すりの付いた窓から幼児が転落した事例を取り上げ，家具の配置に問題があったことを指摘している．他に透明な玄関ドアへの衝突や挟み込み等の日常的な事故も多く取り上げている．

第Ⅱ部：人間工学によるモノづくり事例

第12章　オフィス
―生産性，創造性から健康まで―

　エルゴノミクスという言葉が仕事と学問という言葉でできていることからもわかるとおり，オフィスやそこに置かれる機器（デスク・チェア・コンピュータ等）は，人間工学的研究や開発の古典的課題である。

　本章ではまず事例としてオフィスチェアを取り上げ，オフィスチェアの人間工学的研究開発がどのような変遷をたどってきたのかを概観する。後半で最近のオフィスと人間工学にかかわる話題を紹介する。

キーワード

椅子，知的生産性，健康

12.1. オフィスチェア

椅子とは何かを絵で説明して欲しい，といわれたら，皆さんはどんな絵を描くだろうか．次に，同様にオフィスチェアを絵で説明してほしいといわれたらどうだろう．多くの人は，「椅子」の場合には，背もたれと座面に4本の脚がついたものを描くのではないだろうか．そしてオフィスチェアの場合には，背もたれと座面があるのは同じで，その下に1本の支柱があり，4本ないしは5本の水平部分が出ていて，先端にキャスターが付いたような絵を描くのではないだろうか．

12.1.1 オフィスチェアの誕生

オフィスチェアの原型は，1800年代のなかごろにアメリカで生まれたという[1]．

当初は家庭用の木製椅子に，背もたれや座面が傾斜する機能，脚部から独立して座面が回転する機能や座面高さを調節する機能，水平移動できるようにする機能などを加え，これらをパテントチェアとして特許出願したものであったようだ（図12.1）．つまり，正しい姿勢を楽に保てるよう支持する，支持するときに特定の部位に負荷が集中しないよう，適切な形状や材質を用いる，といった椅子としての基本的な機能に，体格や姿勢，作業内容にあわせた自由度を持たせ，より楽に座れるように工夫をしたものがオフィスチェアなのである．多くの方がイメージする一般的な椅子とオフィスチェア（写真12.1）の違いが脚部にあるというのは，ある意味正しくその違いをイメージできている，ということになる．身体を支持する背座面は共通で，それに自由度を持たせる機構部や脚部に違いがあるのである．

1900年代のはじめに，オフィスワークにおいてタイプライターが普及したことをきっかけに，研究開発や改良が加速したともいわれている．作業内容や時間等の拘束が増え，さらに身体負荷を軽減する必要が生じたり，より生産性を上げたりする必要性が生まれたことに対応したのであろう．1900年代初頭

第 12 章　オフィス

図 12.1　オフィスチェアの原型[1)]

写真 12.1　オーソドックスなオフィスチェア

のアメリカの家具メーカーのカタログには，現在の人が考えるオーソドックスなオフィスチェアとほぼ変わらない姿をした製品のイラストと，現代でも十分通用する基本的機能の訴求点（脊柱を適切に支持する，血流を阻害しない等）が記されている。

12.1.2　オフィスチェアの進化

オフィスチェアは，座る人そのもの，もしくは仕事の目的にあわせて①適切な支持，②自由度の2つの側面に工夫をすることで誕生した。そして大きくいえばその後もこの2つの側面を新たな観点で検討したり，技術を進歩させたりすることで進化している。その流れを見てみたい。

(1) 正しい姿勢の追求

図 12.2 のようなオーソドックスなチェアがはじめに大きく変化したのは1960年代後半である。それまでオフィスワークを行う姿勢としてもっとも正しい，あるいは望ましいとされてきた座位姿勢そのものを見直す研究とそれに基づく製品の提案が行われている。

それまでの正しい座位姿勢とは，体幹直立・大腿水平の姿勢である。立位か

12.1. オフィスチェア

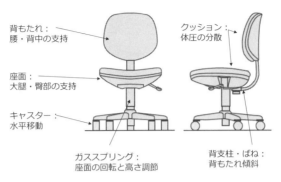

図 12.2　オフィスチェアの基本的機能

らこの姿勢に変化する，ということは，体幹に対して大腿部が 90 度回転するということだが，この変化に伴って，骨盤も若干回転する。このとき，骨盤の回転に付随して腰椎下部の位置も変化するため，その上の背骨全体の並びが自然な状態（いわゆる S 字カーブ）ではなくなる（図 3.3 参照）。並び方が変わるときには，椎骨と椎骨の間にある椎間板という柔らかい組織が変形しているのだが，この変形によって椎間板に負荷がかかる。負荷がかかった状態が長時間続くことが，椎間板ヘルニア等による腰痛を引き起こす原因となるので，椎間板に負荷をかけないように，支え方や姿勢に工夫が必要だ，というのが当時の「正しい座位姿勢」の着眼点であった。

この着眼で考えると，椎間板への負荷を軽減する別の方法があるということで，2 つの新しい正しい姿勢が提案されたのである。1 つは大腿前傾姿勢[2]，もう 1 つは体幹後傾姿勢[3] である（図 12.3）。

いずれも，体幹と大腿の角度を 90 度以上にすることで，腰椎にかかる負荷を低減しようというものだ。また興味深いことに，どちらも，人々が仕事中や勉強中などに自然にとっている姿勢に基づいており，「人々は無意識に楽な姿勢をとっている。そこには何らかの合理性があるはずだ」という。大腿前傾姿勢は，学校で 4 本脚の椅子の後ろ 2 本を浮かせて座面を前傾させている子供がたくさんいるという観察に，体幹後傾姿勢は，オフィスワーカーが背もたれの

第 12 章　オフィス

　　伝統的な正しい姿勢　　　　大腿前傾姿勢　　　　体幹後傾姿勢

図 12.3　いろいろな「正しい姿勢」

倒れないチェアであっても座面の前のほうに座り体幹を傾斜させる姿勢をとる，という観察に基づいている。いずれもそれぞれの考え方にもとづく製品が発売され，現在でも継続して売られている。オフィスにおいては，体幹後傾姿勢が主流となり，現在販売されている製品には，背もたれを傾斜させる機能を備えたものが多い。

　同時期にまったく考え方の異なる 2 つの新しい「正しい」姿勢が提案されたため，論争のようなこともあったと聞く。その後は「どの姿勢が正しいか」ではなく，長時間作業をするときには，望ましい姿勢から別の望ましい姿勢へ「変化させることが重要だ，という考え方が主流となり，いかに動かすか，というところに研究開発の中心が移っていった。

(2) 理想的な動きの追求

　いかに動かすか，という観点での研究開発は，人の体の構造にかんする医学（解剖学）的研究と，人体の支持にかかわる工学（力学）的な研究の共同作業である。背もたれと座面の位置関係や形状を，何に着眼して，どのようなメカニズムで動かすか，ということで，さまざまな検討や提案がなされたが，現在のところ前後方向の動きにかんしては，くるぶしを回転中心として，下腿，大腿，体幹の回転角度が少しずつ大きくなるように背座面が連動して動く方式(図 12.4) がもっとも人体の構造上合理的なものとされ落ちついているように見受けられる。もっともこの方式は背座面・人体の移動量が大きくなるので，省ス

190

12.1. オフィスチェア

くるぶしを基点に，体の各部が自然に動くよう
背もたれと座面が連動して移動・傾斜する機構

図 12.4　アンクルムーブ・シンクロ・ロッキング

ペース性なども考慮した場合には，いつもこの方式が最善というわけではない。

その後，ユニバーサルデザインという言葉の普及とともに，オフィスチェアにも，より多くの個人差対応機能が求められるようになる。

(3) 個人差，好みへの対応

大多数のオフィスワーカー，つまり成人男女の 95 ％（多くの工業製品では，体格や筋力のようなばらつきの大きい個人差に対応するとき，男性 95 パーセンタイル値と女性 5 パーセンタイル値を設計目標の上限，下限目標として使用する。パーセンタイル値については 2 章のコラムを参照のこと）の人に対応する場合，身長でいうと約 150cm から 180cm の人に対応することになる。この差に対応するための一番基本的な機能は座面の高さ調節で，この機能はかなり早い段階からほとんどの製品に取り入れられている。だが個人差を考慮したほうが良い部分は他にもたくさんある。座面の奥行きの場合，参考にするのは座ったときの膝の裏側からお尻の後ろまでの寸法だが，150cm の人では約 40cm，180cm の人の場合は約 50cm，実に 10cm の違いがある。自分の体格に対して座面奥行きが大きすぎると，深く腰掛けても背もたれに腰が届かない。小さすぎる場合は，本来支えて欲しい部分の一部しか座面で支えられなくなり，残りの部分に圧力が集中する。つまり 150cm の人と 180cm の人が同じ寸法のものを兼用するのは，本来かなり無理があるのだ。そこで，それまでは平均値（上

- 座面高さ
- 座面奥行き
- ランバーサポート高さ
- ランバーサポート突出量
- ロッキング反力強弱
- ロッキングレンジ
- ヘッドサポート高さ
- ヘッドサポート前後位置
- 肘掛高さ
- 肘掛角度

図12.5　多くの調節部を備えたチェアの事例

の例では例えば35cm）を採用して設計することが多かったのだが，より多くの人に対応するために，調節機能（座面奥行きの場合には，座面そのものの長さを可変にする，座面の位置を前後させる，背もたれ位置を前後させるなどの方法がある）を備える製品が多く登場した。

このほかにも，作業中の姿勢を楽に支えるための肘かけ，ヘッドレストなどのオプション機能があるが，単純に考えれば機能の数だけ調節が必要になる。筆者の勤務先で製造した製品で，一番多かったものでは，実に10箇所の調節部を備えていた（図12.5）。

(4) 調節方法の工夫

調節部がたくさんあるほど，個人差や仕事内容，好み等にあわせることができ，大きな満足感につながるのだが，「調節部が多すぎてよくわからない」と，調節部の多さそのものが不満の原因になることもあるし，「調節が面倒」と感じる人の場合には，自分にあわない設定になっているものをそのまま使用し，かえって不快な状態になることもある（使う人が入れ替わる可能性のあるオフィスチェアの場合にはこれはおおいに起こりうることで，前に座っていた小柄な人が自分にあわせて調節していたものを，次に大柄な人が使うときには，平均値からのずれ量よりも大きくなる）。

こうしたこともあって，一時は調節部が多いほど高機能の良いチェア，といっ

12.1. オフィスチェア

た風潮もあったが,現在では調節機能競争は少し下火になっている.とはいえ,もとの単純に平均値を採用して,個人差をあまり考慮しなかった時代に逆戻りしたわけではなく,機構や素材の工夫で,調節しなくても,いわば自動的に個人差に対応する工夫が多く用いられるようになっている.

こうした自動調節の工夫をしたチェアの事例を1つ紹介しよう.先にあげた10箇所の調節機能を持ったチェアの特徴的な機能の1つに,ランバーサポート(背もたれの腰を支える部分)の突出量調節がある.これは,体型(この場合は背骨のカーブ形状や筋・脂肪の付き方などからなる腰部の凹み具合)にあわせてランバーサポートの突出量を調節できるもので,腰の支え具合を自分にぴったりあうようにできると非常に快適な座り心地を得られる.そのため上記のチェアは,長時間座りつづける必要のある仕事をしている人や,調節をいとわず自分にあう設定を探索できるような人からは大変評判のよい製品だった.しかし,一部には上記のような顧客の反応(面倒,など)もあり,開発者のなかには問題意識もあった.また,実際にチェアを使用している現場調査の結果,開発者が想定しているような,背座面できちんと体を支持する姿勢で座っている人は思いのほか少なく,多くの時間,座面の前のほうに座ったり前のめりになったりしていること,仕事中の人は多くの時間ひんぱんに姿勢を変えており,姿勢を変えるたびにチェアの設定を変える,という想定には無理があること,などがわかった.そこで,体格や姿勢にあわせ,自動でランバーサポートの位置を調節するチェアを開発した(図 12.6)[4].

このように一口にオフィスチェア,といっても,社会の変化や技術の進化によってさまざまな新しい着眼点で改良が進められている.執筆時の状況でいうと,オフィスにおいても一気に利用が普及している新しい機器(スマートフォン・タブレット・ウエアラブルデバイス等)の使用を考慮した製品や,後述する不活動性に対応したとみられる着座中の動作を促す製品の登場などが,人間工学的観点での新しい動向として挙げられるだろう.

以上の流れを図 12.7 に整理した.

座ると座面が後・下方に動き，着座位置を背もたれに近づける。

着座と同時に，背もたれ下部（腰を支える部分）が腰のところまで出てくる。

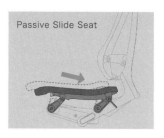

Active Lumber Support

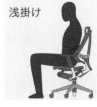
浅掛け

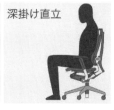
深掛け直立

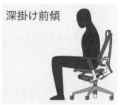
深掛け前傾

図 12.6　ランバーサポートを自動で調節するチェア

```
1970    1980    1990    2000    2010
```

正しい姿勢の追求

自然な動きの追求

個人差対応

自動調節

動きの促進

図 12.7　オフィスチェアの進化

12.2. 最近のオフィスと人間工学にかかわるトピック

12.2.1　快適性と知的生産

　事務処理，資料作成，アイディア創出などの知的な作業によって何らかの価値を生み出すことを知的生産という。つまり，オフィスとは知的生産を行う場

12.2. 最近のオフィスと人間工学にかかわるトピック

休憩・ミーティングなど多様な用途に使えるスペース。周囲にはさまざまな情報に触れるしかけ（本やサイネージ）があり，テーブルには出てきたアイディアを書き留められるホワイトボードが埋め込まれるなどの工夫が施されている。

写真 12.2　コミュニケーションスペース

であるということができる。事務処理や文書作成のような，ある程度内容の決まっている作業を行う場合，生産性を上げるためには，一定量の仕事をどれだけ早く正確にこなせるか，という効率性が重要だが，アイディア創出（知識生産という）のような仕事の場合は，いかに良いひらめきを得るか，いかに質の高い概念を考案できるか，というような創造性が重要になる。

　創造性を高める方法についてはさまざまな学問領域で研究されている最中だが，普段話さない人との何気ない会話のような個人だけで仕事だけをしていたのでは触れることのない情報や，特定の行動に集中しすぎないある程度のリラックス状態がひらめきを促すといわれている[5]。そのため，最近のオフィスでは，リフレッシュスペースやコミュニケーションスペースという，一昔前までは休憩室といわれ，執務室の補助的な空間と位置づけられていたものを充実させる事例が増えている（写真 12.2）。また，コールセンターのような比較的定型的な仕事を行う場合でも，リフレッシュ／コミュニケーションスペース等があり，適切な休憩を取ることが，仕事にかんする情報共有の度合いやモチベーションを高め，生産性を高める効果がある，という研究もある[6]。

　こういったスペースは，オフィスに投資する経営者の立場では，福利厚生のために作らざるを得ないが，コストを考えると必要最小限に抑えたい場所，オフィスを使う労働者の立場では快適に働くためにできるだけ充実させたい場

所，という対立関係にあった。つまり，快適性と生産性は，相反する関係にあると認識されていたのである。

しかし，より高い次元で両者を考えれば，必ずしも相反するとはいえないのである。働く人同士が積極的にコミュニケーションを取って，新しいアイディアを創出したり，モチベーションを上げたり，もちろんリラックスやリフレッシュをしたりしてその後の作業の効率性を高めたりすることができれば，経営者の望む生産性を上げ，同時に働く人の満足度を高めることができる。

12.2.2 働き方と健康

前節でも見てきたように，従来オフィスワークにおいて考慮すべきとされてきた健康課題は，特定の作業による負荷の集中で起こる局所疲労が中心だった。タイプライター，コンピュータなど，新しい機器が導入され普及すると，新しい負荷や疲労，それに伴う健康障害が問題となり，それらを解決するために，機器そのものとそれを使う環境の両面についてさまざまな検討や工夫がなされてきた。特に視覚表示装置を備えたコンピュータを使う作業の注意事項は「VDT作業における労働衛生管理のためのガイドライン（厚生労働省）」[7]「ノートパソコン利用の人間工学ガイドライン（日本人間工学会）」[8] や「JIS規格JISZ8511 人間工学－視覚表示装置を用いるオフィス作業」[9] 等にまとめられており，広く公開されている。

IT機器は，デスクトップ型コンピュータがノートブック型になり，さらにはタブレット，スマートフォン，ウエアラブルコンピュータなど，日々進化し，形を変えている。今後も仕事で用いる新しい機器が登場するたびに，機器やそれを使う環境を人の特性にあわせて最適化し，障害等を起こさないための研究や改良は継続する必要がある。

一方，近年問題になっているのは，さまざまな負荷を軽減した結果，負荷が少なすぎる「不活動」問題である[10]。オフィスに限らず，より便利でより快適な生活や仕事ができるように，道具や環境は工夫され，進化してきた。車や電車，エレベータ等の移動手段を用いてオフィスに出勤し，椅子に座って終日

12.2. 最近のオフィスと人間工学にかかわるトピック

コンピュータで作業をして，終業後は家に帰ってソファでテレビを見てくつろぐ，という一日を過ごす人も多い。その結果，身体活動量が少なくなりすぎ，メタボリックシンドロームなどの生活習慣病が問題になってきたのである。

オフィスにおける不活動の主な原因は座位作業，特に長時間の連続座位が問題といわれているため，近年改めて立位作業が注目されている（写真12.3）。座位に比べて立位のほうが覚醒度が高くなるため，短時間であれば作業効率も高まるが，早く疲れやすいという特徴がある。座位は長時間安定して作業を続けることができるが，覚醒度が低下しやすいし，長すぎると上記のように不活動が問題になる。そこで，それぞれの良さを活かすため，立位と座位を交互に切り替える運用が注目されている。座位の間に短時間の立位をこまめに挟むことで，比較的長時間，生産性高く作業をすることができる[11]。また，姿勢を変えることにより特定部位への負荷の集中を防ぐ効果があるほか，血液の状態など健康指標にも良い影響を与えるという調査結果も示されている[12]。

この事例は，人が働く環境のような多くの要因がかかわる複雑なシステムを設計するときには，特定の指標や局所的な負荷だけを捕らえるのではなく，多面的・中長期的な視点を持つことの重要性を示している[13]。もちろん，特定の負荷を軽減し，疲労や作業性の障害が起こらないようにすることは重要なのだが，その上で再度全体を見る，バランスを考慮する，というような複数の視

個人席に高さ調節のデスクを導入するほか，共有で使うスペースを立位作業用にしておいて，短時間で集中した終わらせたい作業を立位のスペースで行うような運用も可能である。

写真12.3　立位作業スペースの事例

第 12 章 オフィス

点を持って検討することが必要なのである。もちろんこれは「言うは易し」なのだが，だからこそ，常に新しい問題に対して最適解を追求する研究や開発が必要なのである。

【コラム⑫-1】オフィスとは？

ところで，オフィスとはなんだろうか。一昔前までは机と椅子，電話，コピー機，コンピュータなどが置いてあり，人が集まって仕事をする場というのが一般的なイメージで特に問題はなかった。しかし現在では，在宅勤務をする人が働く自宅の一部をホームオフィス，出張中等に一時的に利用する場所をサテライトオフィス，複数の場所で離れて働く人たちが，テレビ会議をしたりお互いの在席状態や仕事の状況を共有したりするインターネット上の機能空間をバーチャルオフィス等と呼び，オフィスの概念が拡大している。また電車やカフェで仕事をする人をみかけることも珍しくないし，さまざまな職種・業界の人が集まって働くコワーキングスペース等と呼ばれる場所も登場している（写真12.4）。そして，一人の人が，これらの多様なオフィス（またはオフィス的な場）の内の，複数のものを時と場合によって使いわけて働くことも増えている。どこまでをオフィスと呼ぶかは定義上の問題だが，オフィスにかかわる何かを考え，作ろうとするならば，こういったさまざまな広がりのなかで人が働いていることを考慮しておくべきである。

写真 12.4　コワーキングスペース

【コラム⑫-2】ひらめく場所

京都にある哲学の道をご存知の方も多いだろう。京都学派の哲学者達が歩きながら思索に耽ったため，その呼び名が付いたといわれている。古代ギリシャにも逍遥学派という歩きながら議論をしたといわれる哲学者の一派があったそうだ。歩くという行為は，その行為自体を意識せずにいられるくらいの難易度でありながら，適度に覚醒度を高めるため，思考や会話そのものに集中しやすいためらしい。

一方，良いアイディアが浮かぶ場所を，中国では馬上，枕上，厠上の三上，西洋ではBed，Bus，Bar，Bathの4Bというそうだ。移動中，寝る前，風呂・トイレ，という3つが重複している。これらの場所に共通するのは，日常のなかにある「リラックス状態」という点である。

これらはオフィスに設けるリラックススペースやリフレッシュスペースの必要性を説明するときによく引き合いに出される事例である。このような古くからある知見や何気なく繰り返されている習慣のなかには，新しいものづくりの発想に役に立つものが意外とたくさんあるはずである。

参考文献

1) S. ギーディオン，榮久庵 祥二（翻訳）：機械化の文化史―ものいわぬものの歴史，鹿島出版会，pp.378-384，2008．
2) マンダル，A.C.：座る人，ダフニアパブリケーションズ，pp.4-5，1974．
3) エティエンヌ・グランジャン：産業人間工学，啓学出版，pp.88，1992．
4) http://www.itoki.jp/special/spina/（2014年）
5) 建築環境・省エネルギー機構：誰でもできるオフィスの知的生産性測定SAP入門，pp.14-22，テツアドー出版，2010．
6) J. Watanabe, et al. : Resting Time Activeness Determines Team Performance in Call Centers, ASE/IEEE Social Informatics, pp.26-31, 2012.
7) http://www.mhlw.go.jp/houdou/2002/04/h0405-4.html/（2014年）
8) https://www.ergonomics.jp/product/guideline.html/（2014年）
9) http://www.jisc.go.jp/app/pager?id=1078972/（2014年）
10) http://www0.nih.go.jp/eiken/programs/kenzo20120306.pdf/（2014年）
11) Ebara T et al. : Effects of adjustable sit-stand VDT workstations on workers' musculoskeletal discomfort, alertness and performance, Ind Health 46（5），pp.497-505, 2000.
12) Genevieve N. et al. : Breaks in Sedentary Time, DIABETES CARE, pp.661-666, 2008.
13) 榎原毅：産業保険人間工学の次の10年を考える―Evidence based Ergonomics in practices

（EBEPs）の展開—，産業保健人間工学研究，第 15 号，pp.30-35, 2013.

【ブックガイド】

・「誰でもできるオフィスの知的生産性測定 SAP 入門」，建築環境・省エネルギー機構，テツアドー出版，2010.

　オフィスの知的生産性や満足度を評価するために作られたアンケートとその解説書だが，オフィスで行われるさまざまな行動と，それに影響を及ぼす環境要因とのかかわりについて解説されており，オフィス空間設計の基本的事項を知ることができる。

第13章　情報デザインと人間工学
　　　　―人間中心設計のデザインプロセス

　地下鉄に乗って，どこで乗り換えるのか迷った時に，わかりやすい地下鉄マップに出会って，助かったこと。本屋さんで自分の欲しい本が，本棚の表示で，すぐに見つけることができたこと。携帯電話で，使い方がよくわからないアプリで困ったこと。これらの出来事はすべて「情報デザイン」に関わっている。この章では，情報デザインと人間工学に関して，最初に情報デザインについて解説して，事例で情報デザインの実際の活動を詳しく解説する。

---------------- キーワード ----------------
情報デザイン，人間中心設計，ユーザエクスペリエンス
デザインプロセス，情報

第 13 章　情報デザインと人間工学

13.1. 情報デザイン

13.1.1. 情報デザインとは

　人間工学を活用してデザインする対象分野として，目に見えるモノや空間だけでなく，目に見えない「情報」も対象とする必要がある。たとえば，人とモノとの対話や，人と人のコミュニケーションなどの「情報」もデザインの対象である。また，人間工学では人間の身体的な視点，生理的な視点，心理的な視点などを考慮する必要があるが，それだけでなく人間がどのような体験をするかということも考慮する必要がある。

　「情報デザイン」の定義には，「情報技術を使った1つのデザイン領域」という定義と，「多様な情報を考慮して，うれしい体験をつくるためのデザイン」という2つの定義がある。「情報技術を使った1つのデザイン領域」とは，電子機器，情報家電，Webサイト，ITシステムなど情報技術を活用している製品やシステムのためのデザイン領域である。「多様な情報を考慮して，うれしい体験をつくるためのデザイン」とは，情報という視点で，人間に関わる情報，モノやシステムに関わる情報，ビジネスに関わる情報などを整理して，ユーザがよい体験になるための情報構造をつくり，具体的な形に落としこんでいく。たとえば，ファーストフードに来たユーザがよい体験になるように，多様な情報を整理して，よい体験になるための情報構造をつくり，トレーやパッケージのデザイン，メニューのデザイン，店員のサービスのデザインに落としこんでいく。

　ここでは，さまざまなデザイン領域や仕事領域の基本となる概念として，うれしい体験をつくることを「情報デザイン」と定義する。情報デザインは，社会をより良い方向に変える力をもっている。情報デザインを活用することによって，商品やシステムを変えることができ，情報デザインを活用して仕事のやり方を変えることで，お客様もうれしくなり，仕事の仲間もうれしくなり，自分もうれしくなる。情報デザインは，商品，システム，教育も生活も，ひいては社会まで変えることができる。潜在力を秘めた情報デザインに多様な可能性がある。この情報デザインは人間工学ととても関係が深い。

13.1.2. 情報デザインのプロセス

　実際に情報を考慮したデザインをするためには，情報デザインの手順やプロセスを学ぶ必要がる。情報デザインのプロセスは，対象となるプロジェクト規模，対象となるデザインや対象となるビジネスなどにより異なるが，情報デザインを開始する段階でデザインプロセスを明確に定義することが，円滑かつ効果的に進行するために重要である。

　情報デザインのプロセスを考慮する上で，人間工学が目指す人間中心設計の考え方は基本となり，その考え方を理解することでユーザが満足する情報デザインになる。基本的なプロセスは「計画と情報収集」，「デザイン目標の設定」，「デザインコンセプト」，「実施デザイン」と「ライフサイクル」である。

　使いやすく魅力的なシステムや商品をデザインにするためには，人間工学や人間中心設計の手法を導入する必要がある。人間中心設計とは，ユーザをデザインプロセスの中心に据えることで，適切で使いやすいシステムや商品やサービスの提供を目指す手法である。人間中心設計は，ユーザセンタードデザイン，ユーザセントリックデザイン，ヒューマンセンタードデザイン，ユーザ中心設計などとも呼ぶことがある。

　人間中心設計を活用すると，買いやすい，設定しやすい，習得しやすい，使いやすい，拡張しやすいなど魅力のあるシステムや商品やサービスを一貫して開発できる。デザインプロセスの各段階で，ユーザ情報とユーザからのフィードバックを収集するのが特徴である。

　人間中心設計はユーザが目にし，触れるすべてを対象とする。ユーザの体験することを総合的にデザインするという視点は，ユーザ体験のためのデザインやユーザエクスペリエンスデザインと呼ぶことがある。そのためには多分野にまたがる専門家によるチームが必要である。人間中心設計の導入には，「目指すべき人間中心設計の共有」を基本に，「人間中心設計のプロセス」，「人間中心設計の手法」と「人間中心設計のチーム」が必要である。

　企画や開発のすべての段階でユーザのことを考慮することが人間中心設計のプロセスの基本的な考え方である。ユーザにとって魅力のあるシステムや商品

やサービスを実現し、ユーザによりよい体験を提供するために活動を行う。人間中心設計のプロセスは、どのようなシステムや商品でも、基本は共通である。どのようなシステムや商品・サービスであっても、対象ユーザを知らなければ、魅力的なシステムや商品・サービスを開発することは難しい。そして、デザインの方向性を決めるために、ユーザの現状や要望を把握することは非常に重要である。

人間中心設計は6つのデザインプロセスにわけられる。下記の6段階のデザインプロセスの中で、2)-5)を必要に応じて繰り返すことが重要である。

1) 人間中心設計の必要性の確認（人間中心設計の必要性の特定）
プロジェクトの対象物、プロジェクトの目標、対象ユーザなどを確認して、人間中心設計を活用するかどうか検討する。
2) ユーザを知る（利用の状況の把握と明示）
インタビュー法や観察法などのユーザ調査方法を活用して、対象となるユーザがどのようなユーザで、どんなことを求めているのか、どのようにシステムや商品を使っているのかを把握する。
3) デザイン目標を明らかにする（ユーザと組織の要求事項の明示）
ユーザ情報をペルソナ手法やシナリオ手法を活用してユーザの目標を明らかにする。また、企業やシステムや商品の条件も考慮して要求仕様をまとめる。
4) デザイン検討をして視覚化する（設計による解決策の作成）
スケッチやプロトタイプなどを視覚化するための手法を活用して、デザイン目標を達成するためにデザイン検討をする。
5) ユーザによるデザインの評価（要求事項に対する設計の評価）
ユーザビリティーテストや専門家による評価などのユーザ評価の手法を活用して、視覚化したデザインをユーザ視点より評価する。
6) デザインの完成（システムが特定のユーザ、及び組織の要求事項を満足）
デザイン目標を達成したことにより、デザインの完成になる。

13.1.3. 商品における情報デザインの活用

情報デザインの考え方は多くの商品やシステムに活用されている。情報デザインの活用目的としては，「使いやすい，わかりやすい商品やシステムをデザインすること」と，「ユーザが魅力的な体験をすることができる商品やシステムをデザインする」という2つの目的がある。

最近は，コンピューターや情報技術を利用した商品やシステムが多くなってきている。これらの商品やサービスを利用するにはインタラクティブな操作が必要である。また，操作はハードウェアを操作したり，ソフトウェアを操作したりと複雑である。ATMなどのように多くのユーザが多目的に使用する商品や，スマートフォンのように使用中に目的が変化して別の用途に使う商品もある。このように，最新技術を一般の人が日常的に触れるようになり，その技術を使った商品やシステムが，多くの人にとって使いやすく，わかりやすくするためには，情報デザインのアプローチが必要とされる。

たとえば，カーナビの場合は，車の運転に迷う人は少ないが，カーナビの操作に迷うことは多い。特に，使いなれていない人やお年寄りには，簡単な操作でも使えない場合もある。複雑で技術進化の早いカーナビを，使いやすく，わかりやすくするためには，情報デザインのアプローチが不可欠である。

従来は，商品の差別化のために「機能やコスト」が重要であることが多かったが，近年は，機能やコストであまり差がつかなくなり，「お客様が満足する」が重要になってきている。「お客様の満足」という視点で，商品やシステムを見てみると，商品自身だけでなく，商品に関連するお客様の総合的な体験を考慮することが必要になる。体験を考慮したデザインに取り組むには，情報デザインのアプローチが役にたつ。なぜならば，情報デザインは「お客様の総合的な体験を考慮したデザイン・アプローチ」だからである。

たとえば，スマートフォンのハードウェアのデザインはどのメーカーもあまり変化がなく，他社と差別化が難しい。そのような状況で，情報デザインのアプローチを活用して，ユーザ調査によりユーザの本質的な要求を明らかにして，プロトタイプやユーザ評価を活用し，ユーザに魅力的な満足を与えるスマート

フォンのデザインをすることが可能になる。

　情報デザイン活用領域としては，特にユーザが操作をする領域を中心としている場合が多いが，商品やシステムの全体のコンセプトデザインなどにも情報デザイン手法を活用する場合もある。近年の商品やシステムのデザインプロセスには，情報デザインの考え方や手法はなくてはならないものとなっている。

　次には情報デザインの事例を紹介する。この事例を通して「情報デザインと人間工学」の関連を具体的に把握することができる。

13.2. ガスメーター用通信端末のデザインの事例

　情報デザインを活用した事例として，千葉工業大学山崎研究室とエイビット株式会社が「ガスメーター用通信端末（PHS自動検針端末 P-NCU）の提案」の産学プロジェクトを実施した事例を紹介する。

13.2.1. はじめに

　ガス利用者とガスサービスの両者にとって，ガスをより安全に手軽に利用できるような仕組みが必要である。そのような要望に答えるために，ガスメーター用通信端末（PHS自動検針端末 P-NCU）をデザイン開発した。

　東京ガスでは，マイツーホーというガスメーター用サービスがあり，"遠隔遮断サービス"，"自動通報サービス"と"確かめるサービス"という3つのサービスをガス利用者へ提供している。このサービスのための通信装置は，(1) お客様の通信環境（ADLS，光通信など）に左右されないこと，(2) お客様の多様な設置環境に対応すること，(3) 電池で長時間利用できること（落雷時にショートする危険性や停電に備えて電源に電池を利用するガスメーターと同様の仕様），(4) 通信装置の外観が設置環境と違和感がないことなどが望まれている。

　ここでは，情報デザインの事例としてガス利用者とガスサービス担当者にとって便利なガスメーター用通信端末（PHS自動検針端末 P-NCU）のデザイン開発のプロセスと最終デザイン（図13.1）について解説する。

13.2. ガスメーター用通信端末のデザインの事例

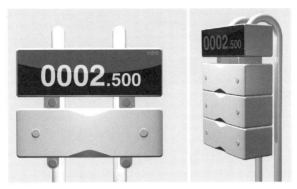

図13.1　ガス利用者のための通信端末のモジューラーデザイン提案

13.2.2. デザインプロセス

このデザイン開発では，通信端末を利用するユーザだけではなく，この通信端末を設置・メンテナンスするサービス担当者の視点から開発する必要があるので，この両者を考慮したデザインプロセスとした．具体的には，現状調査，両者のタスク分析，アイデア展開，両者を考慮したデザインコンセプトの設定，プロトタイプ制作，デザイン評価，詳細設計と試作のプロセスである．

タスク分析とは，製品を使う際のステップごとのタスク（仕事）に関して，ユーザの操作や行動を観察して設計上の課題や問題点の把握に活用する手法である．

(1) 現状調査

既存のガスメーターの設置状況を調査するために，東京郊外の地域で30軒のガスメーターの設置環境の観察調査を実施した（写真13.1）．この調査結果から，多様な設置環境があることを把握した．

(2) 設置のタスク分析

ここでは，通信端末を利用するユーザと通信端末を設置するサービス業者の両者を対象として，通信端末の設置に詳しい専門家への半構造化インタビューにより，タスク分析を実施した．その結果，表13.1に示すように，通信端末とかかわる人の設置のタスクを整理し，工場とユーザ宅の両方の状況を，タス

第13章　情報デザインと人間工学

写真 13.1　ガスメーターの設置状況調査の事例

表 13.1　ガスメーターの設置のタスク分析

工場（ユーザ=業者）	お客様宅（ユーザ=業者，お客様）
メーターとP-NCUを箱から出し立てておく → P-NCUのフタを取る → P-NCUにケーブルを付ける → メーターとP-NCUを合体させ上側2本のネジで取り付ける → メーター側のフタを外す → メーター側にP-NCUからのケーブルをつなぐ → メーター側のフタをネジ2本で取り付ける → P-NCU側のフタをネジ2本で取り付ける → 箱に入れる → 箱から取り出す → メーターをガス管に取り付ける	P-NCUのフタを外す → 電池についているコネクタを差す → P-NCUにマグネットをつけ、リードスイッチ動作をLEDで確認する（通信確認）→ P-NCUのフタをネジ2本で取り付ける → 作業終了の確認の電話をセンターとする → 稼働

クごとにわかりやすく図式化した。半構造化インタビューとは，おおまかな質問項目を準備し，回答者の答えによって，さらに詳細にたずねていくインタビュー手法である。

(3) アイデア展開

現状調査より設置環境の理解，タスク分析による設置するプロセスの理解などから，サービス提供者にも協力してもらいガスメーターの利用者とサービス提供者の視点からのアイデア展開をした。

13.2. ガスメーター用通信端末のデザインの事例

　また，製品のイメージに関して，通信端末とガスメーターの関係を基本に"一体感のあるデザイン"，"身近にあるキャラクターのデザイン"と"引き立て役になるデザイン"という3つの方向性のデザインを展開した。デザイン展開したイメージについて関連者で協議を重ねて，"蝶ネクタイ"というイメージコンセプトにした。"蝶ネクタイ"のイメージとは，お客様から頼りになるような印象を与え，設置する業者も蝶ネクタイを結んで送り出すようなイメージのことである。

(4) デザインコンセプトの設定

　現状調査，設置のタスク分析，アイデア展開と関連する企画担当者や技術者との打合せなどに基づき，デザインコンセプトを設定した。設定したデザインコンセプトは，「顧客とガス会社が繋がるモノ」を基本として，「顧客にとって親しみやすいデザインと業者にとって頼りがいのあるデザイン」である。そして，将来を考慮して"次世代メーターを引き立てるデザイン"も追加した。

　今後の通信端末の可能性として，通信端末を追加することも考えられるので，図13.1に示すように通信端末としてモジューラーデザインを採用した。ガスメーターの下に，通信端末が1つだけでなく，2つまたは3つ取り付けられる可能性も考慮した。

(5) プロトタイプ制作

　アイデア展開とデザインコンセプトを視覚化してプロトタイプ制作した。プロトタイプは図13.2に示すように，初期段階はスタイロフォームを使ったプロトタイプによるアイデア展開，そして3Dプリンターによる詳細のプロトタイプ制作をした。

　スタイロフォームを使ったプロトタイプでは，サイズ検討，基本形状検討，イメージ検討などを中心に30個程度のプロトタイプを作成して，関連者と一緒にデザイン案を詰めた。

　3Dプリンターを使用した詳細プロトタイプでは，デザインの詳細，ガスメーターの取付，多様な設置方法の検討，設置段階でのアクセス方法や技術的な課題の検討などを実施した。

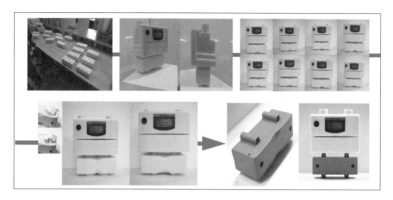

図 13.2　プロトタイプ作成

(6) デザイン評価

　3D プリンターを使用した詳細プロトタイプに対して，"設置という視点"と"利用という視点"より，専門分野を理解している必要があるのでヒューリスティック評価方法を活用したデザイン評価を実施した。

　"設置という視点"では，表 13.1 のガスメーターの設置のタスク分析を基本にしながら，表 13.2 に示すように 18 項目のタスクを設定した。18 項目のうち 11 項目は工場で事前に設置するために準備するタスクで，7 項目はユーザ宅で設置するためのタスクである。それぞれのタスクで最適なデザインができているのかを検討した。例えば 15 項目のタスクでは「PCU の蓋をはずす」とあるが，そのタスクに対応するために「前方よりはめこみやすい形」のデザインとした。

(7) 詳細デザイン

　3D プリンターを使用した詳細プロトタイプ作成，デザイン評価と関連者との打合せにより詳細デザインを決定した。以下に代表的なタスクと詳細デザインについて解説する。

(a) タスク 2 "通信端末の蓋（正面カバー）をとる"では，蓋と本体の上下および左右に切り欠きを設けて，防水構造を維持しながら，正面よりスライドすることで蓋が取りやすい構造とした（図 13.3）。

13.2. ガスメーター用通信端末のデザインの事例

表 13.2 設置という視点でのタスクとデザインの対応

		タスク	デザイン
工場	1	メーター，P-NCU を箱から出し，立てて置く。	メーターと，P-NCU を合体させた状態で自立する形状
	2	P-NCU のフタを取る	前方からはめ込みやすい形
	3	P-NCU にケーブルを取り付ける	前方からはめ込みやすい形
	4	P-NCU の上側 2 つのキャップを外す	使用しない方のネジ穴に雨等が入らないためのキャップ
	5	メーター側にアダプタを取り付ける（メーター納入時に取り付け済）	設計変更においてコストを重視した固定構造
	6	メーターと P-NCU を合体させネジを取り付け（上側 2 本）	メーター側にリブを付ける
	7	メーター側のフタを外す	前方からはめ込みやすい形
	8	メーター側に P-NCU からのケーブルをつなぐ	前方からの作業を重視した形
	9	メーター側のフタをネジ 2 本で取り付ける	前方からの作業を重視した形
	10	P-NCU 側のフタをネジ 2 本で取り付ける	施工性の為，必要最小数でのネジ固定構造
	11	箱に入れる	メーターと P-NCU を合体させた状態で自立自立する形状
お客様宅	12	箱から取り出す	メーターと P-NCU を合体させた状態で自立自立する形状
	13	メーターをガス管に取り付ける	
	14	P-NCU のフタを外す	前方からはめ込みやすい形
	15	電池についているコネクタを差す	前方からの作業を重視した形
	16	P-NCU にマグネットをつけ，リードスイッチ動作を LED で確認する（通信確認）	前方からの作業を重視した形 LED 点灯の視認性は広角にした形
	17	P-NCU のフタをネジ 2 本で取り付ける	施工性の為，必要最小数でのネジ固定構造
	18	作業終了の確認の電話をセンターとする	外観からでは，運用状態は判らない形

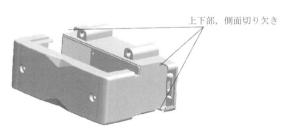

図 13.3 タスク 2「通信端末の蓋（正面カバー）をとる」対応

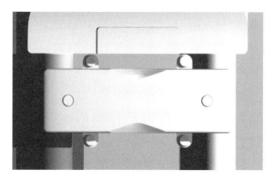

図 13.4　タスク 4「キャップを外す」対応

(b) タスク 4 "雨水等が入らないためのキャップをはずす"では，正面からキャップを外しやすいデザインとした（図 13.4）。キャップは上下に 2 個づつと，中央部に 2 個の合計 6 個とした。

(c) タスク 6 "ガスメーターと通信端末を合体させて取付け"では，多様なガスメーターに対応させるために，ガスメーターと通信端末の間に固定する部品を準備して，この部品によって倒れないようなバランスで固定できるようにした（図 13.5）。

(d) タスク 16 "通信端末にマグネットをつけ，リードスイッチ動作を LED で確認する"では，前方からの作業を重視した形であり，広い角度から LED 点灯を確認できるデザインとした（図 13.6）。

図 13.5　タスク 6「メーターと通信端末を合体させ取付け」対応

13.2.3. 最終デザイン

量産のために決定した最終デザインの特徴は，"多様な設置環境に対応したデザイン"，"多様な設置環境に対応した技術的な工夫"と"これからの社会への対応"である。以下にそれぞれの特徴を解説する。

13.2. ガスメーター用通信端末のデザインの事例

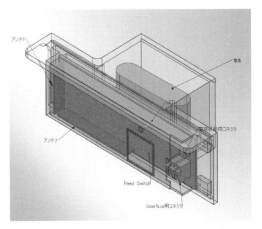

図 13.6　タスク 16「リードスイッチ動作を LED で確認する」対応

(1) 多様な設置環境に対応したデザイン

施工時のさまざまな住環境に対応するために通信端末をガスメーターの下部へ設置する以外にも単独で，縦設置・横設置ができるようデザインして，施工の自由度がもてるようにした。

具体的な設置方法としては，上部のネジを活用してメーターに直接取り付ける方法（横設置），メーターより分離して設置する方法（横設置）とメーターより分離して設置する方法（縦設置）とした。

造形は，安心・安全を表現するために"安心＝親しみやすい形"と"安全＝頼りがいがある形"の両立を目指した。このどちらも満たす「蝶ネクタイ」をコンセプトに設定し，家の人にも作業員にも安心・安全を提供する親しみやすく，頼りがいのある造形とした。

(2) 多様な設置環境に対応した技術的な工夫

屋外での設置を考慮し，耐衝撃性，耐候性に優れ，防水構造とした。具体的には，正面の蓋と本体の上下および左右に切り欠きを設けて，防水構造とした。また，無線通信である PHS を採用したことで，家庭の通信環境を利用せず，この通信端末より直接通信できるようにした。

第13章　情報デザインと人間工学

(3) これからの社会への対応

この端末を利用したサービスに対応したオペレーションフローとして，日常時のオペレーションのフローと災害時のオペレーションのフローがある。

日常時のオペレーションのフローは，図13.7に示すように利用者がガスを消し忘れた場合に，東京ガス24h監視センターに電話で連絡することで，PHS網とこの通信端末を活用して，ガスを遮断できる。災害時のオペレーションのフローは，図13.8に示すように災害を発見した場合は，東京ガス24h監視センターが，PHS網とこの通信端末を活用して，ガスを遮断できる。

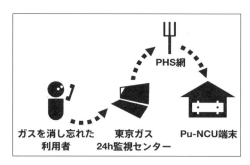

図13.7　日常時のオペレーションのフロー

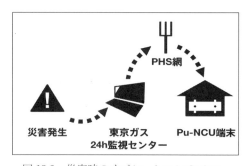

図13.8　災害時のオペレーションのフロー

【コラム⑬-1】情報デザインや人間中心設計の手法

情報デザインや人間中心設計では,プロセスと手法が重要となる。ここでは,代表的な手法を紹介する。まずは,ユーザ調査方法の代表的な手法であるインタビュー法と観察法を紹介する。インタビュー法とは,ユーザに直接会って質問をすることにより,ユーザの応答に応じて質問することで,より細かい状況や要望を引き出せるユーザ調査方法である。観察法とは,ユーザの行動や状況を,記録をとりながら観察し,観察データを分析するユーザ調査方法である。

デザイン目標を明らかにする手法の代表的な手法がペルソナ手法やシナリオ手法である。ペルソナ手法とは,対象ユーザを想定した人物像であるペルソナを設定し,常にそのペルソナの目標を考慮した設計を行う手法である。シナリオ手法とは,対象ユーザが商品やサービスをどのように使っていくかという物語を活用する手法である。

デザインの評価の代表的な手法がユーザビリティテストと専門家による評価である。ユーザビリティテストとは,実際に被験者に対象となる製品やプロトタイプ使ってもらい,その使用状況より課題を見出す手法である。専門家による評価とは,ユーザビリティに関するこれまでの知見や専門家の経験より,被験者を使用せずに,専門家が評価する手法である。

参考文献
1) 山崎和彦,他:情報デザインの教室 仕事を変える,社会を変える,これからのデザインアプローチと手法,丸善出版,2010.
2) 山崎和彦,他:ガスメーター用通信端末のデザイン 日本デザイン学会作品集 Vol.18 No.18,日本デザイン学会,2012.

【ブックガイド】

・「情報デザインのワークショップ」,山崎和彦他,丸善出版,2014.

情報デザインを学び,実践する方法の1つとしてワークショップがある。ワークショップは,参加者がおのおの体験・協働して学び合いながら何かを作り出す,学びと創造のスタイルである。この本では,情報デザインにおける学びと

ワークショップを実践する方法について解説してある。
・「人間中心設計の基礎」,黒須正明他,近代科学社,2013

　人間中心設計の基本的な概念に解説してある。ユーザビリティ,ユーザエクスペリエンス,人間中心設計のプロセス,ユーザ調査方法,人間中心設計における設計や評価などの知見が網羅的にまとめられている。
・「エクスペリエンス・ビジョン:ユーザーを見つめてうれしい体験を企画するビジョン提案型デザイン手法」,山崎和彦他,丸善出版,2012.

　人間中心設計に基づきこれまでにない製品やシステム,サービスを企画するためのデザイン手法を紹介している。とくに,ビジョンを作るために,体験とビジネスの方針にもとづき,構造型シナリオを活用する方法について,解説している。

第Ⅱ部：人間工学によるモノづくり事例編

第14章　明日の人間工学を展望する

　この本の内容も，講義としては最終章を迎える。第Ⅰ部は基礎編として，人間工学にかかわる人の心身機能とその特性を，主としてモノづくりに絡めて紹介した。続く第Ⅱ部では人間工学によるモノづくり事例編として，各領域における人間工学設計の専門家の方々がモノづくり現場における実例を紹介した。

　この章では本書のエピローグとして，それらをまとめ，これからの人間工学の課題や果たすべき役割を解説する。いくつか重要なポイントが含まれているので，ぜひ最後まで目を通してもらえれば幸いである。

―――― キーワード ――――
快適性，長期持続型トータルデザイン，人材育成

第14章 明日の人間工学を展望する

14.1. モノづくり現場の4つの分野を通して

第10章〜第13章では，人間工学の対象となる4つのモノづくり分野の具体的な事例と，それを通じて人間工学の現在や将来に渡り考えるべき点を，その道の第一人者の方々に担当していただいた。

まず第10章では，パソコンのキーボードを対象として機器の人間工学について学んだ。そこでは，特に使い勝手と"慣れ"の問題がクローズアップされた。心身機能的にどんなに優れたモノを開発しようとしても，慣れの側面を無視できないことが示された。また，より良いモノをデザインするための国内外の設計ガイドラインの具体的な例も紹介された。

次の第11章では，住宅や住宅設備の人間工学について学んだ。そこでは，永年に渡り積み上げられてきた"しきたり"によるモノづくりが存在していたのに対し，住む人や生活の変化に対応した新たな設計の必要性が生じてきたことが紹介された。高齢化や体格の変化などに対応したモノづくりが人間工学的に色濃く反映された典型的な事例であった。

続く第12章では，オフィスチェアやオフィス空間の人間工学について学んだ。負担を減少させる目的は同じでも，その考え方や取り得る方策が時代とともに変化することが示された。さらにはその負担軽減だけではなく，知的生産効率を高めることや，長期的で多面的な健康維持を図る必要性に対応したオフィスの考え方についても紹介された。

そして第13章では，こうした形あるモノ，あるいは形のない情報やサービスも含め，それらをよりわかりやすく魅力的で満足度が高められるようにするために，情報デザインの視点が重要であることを学んだ。特に，それまでの章では触れられなかったデザインの手法やそのプロセスが具体的な事例とともに紹介された。

人間工学を応用すべき対象は，もちろんこれ以外にもさまざまあり，第1章でも紹介したように，その範囲は多岐に渡る（表1.1）。しかし，対象のモノは変わろうと，人間工学的な視点や考え方は共通している。また，この第Ⅱ部で

紹介した4つの分野の事例は，いずれもこれから考えるべき課題についての重要な示唆を与えている。

それらを論じることにより，本書のまとめとしたい。

14.2. 人の体は1つの社会

いきなり唐突に思えるかもしれないが，ある仮想の国の話をしよう。そこは人口10万人の小さな国だが，国民が食べる食糧の50％は自国内で生産し，残りの50％は海外からの輸入に頼り，余剰分は備蓄に回している。ある年，輸入先のトラブルにより，食料供給量全体の10％に当たる分の輸入ができなくなってしまった。つまり，1万人分の食料が入ってこないのである。その結果，1万人が餓死することになるだろうか。その国の政府がまともであれば，まずそうした事態は避けられるだろう。すなわち，短期的には備蓄分を切り崩し，食糧供給バランスのコントロールなどの対策を実施し，その一方で他国に対して緊急輸入を要請する。さらに長期的には自国での食料増産を促すなどの対応をとるはずである。そして，1人の餓死者も出さずに済むであろう。

人の体も実はこれと同じようなメカニズムが常に働いている。人に何か刺激を与えると，それに相当する反応がすぐに表れるといった単純な図式で説明することはできない。上記の国の経済システムの例のように，人の体は1つの国に例えることができる。というより，実際にはそれよりはるかに巧妙で複雑なシステムが何重にも組み合わされた生理システムが，生体を維持するために機能している。

例えば外界の気温が低くなれば，それに応じて体内で熱を生み出す生理活動である熱産生を活発化させ，熱くなれば体熱を外へ放出する熱放散反応を促し，体温をほぼ一定に保つことができる。あるいは，体の一部に怪我を負い出血した際，破れた血管は自らを収縮させ，その部位の血流を減らすとともに，血中の血小板がそこに集まり傷口を物理的に塞ぎながら，その後のさまざまな化学的反応も加わり，血液が体外に漏れ続けることを防いでいる。

こうしたミクロな生理的レベルの対応だけでなく，私たちのマクロな行動に

第14章 明日の人間工学を展望する

も同じような対応が見られる。例えば，利き手を痛めてうまく使えない場合は，もう片方の手がそのかわりをして何とか生活上の支障をなくすように働かせることができる。多少使いづらい道具でも，その分学習を繰り返し，うまく使えるようにすることも可能だろう。

このように，人に何か不利な状況やネガティブな事態が降りかかると，生理的レベルであろうと行動的レベルであろうと，その大きさの分だけただちに悪い結果が生じてしまうことはなく，多くの場合はそれに対する補償的な回路や代償的な機能が働き，できるだけそれらの影響が生じないよう心身の本来の状態を維持しようとする傾向にある。これは，第8章で紹介したストレッサとストレスの関係と共通する。また，第10章のキーボード配列の例のように，"慣れ"によりその状態に自らを適応させることもできる。このことは，モノの使いやすさや快適性などを評価するうえで考慮しておかなければならない，人や生物一般の特性である。

それに関連した話として，その昔，著者が失敗しかけた実験がある。ある冷蔵庫メーカーから，冷蔵庫の扉を開ける際の身体負担を測定してほしいとの依頼を受けた実験である。家庭用の大型冷蔵庫の扉は，庫内の冷気が外に漏れ出さないよう，磁力を用いしっかり密閉されている。そのため，扉を開ける際は磁力を引き剥がしながら開けることになるため，瞬間的に大きな筋力が必要となる。そこでそのメーカーは，ある工夫を施し従来の冷蔵庫に比べ弱い力で開けられる扉を付けた新型冷蔵庫を開発した。そして，その身体負担を客観的に示す測定データを得る実験を行うことになった次第である。

実際に従来型と新型の冷蔵庫の開閉を比べたところ，新型冷蔵庫の方が扉を開ける際の感覚的な負担が小さいことは明白だった。それゆえ，腕と肩の筋の負担度合いを調べることにより，データは簡単にとれると見込んでいた。筋の負担度合いを測定するために，腕と肩の表面筋電図を用いた。筋が活動（収縮）する際に筋の内外で電位の変化が生じる。表面筋電図とは，その筋のすぐ上の皮膚上に電極を貼り，そこから導出されたその電位変化（ミリボルト（1ボルトの1000分の1）レベルで変化する微細な電位変化）をアンプで増幅し記録

14.2. 人の体は1つの社会

したものである。

　しかし，測定の結果，従来型の扉を開けた場合と新型の扉を開けた場合で，意外にも筋電図の違いはあまり見られなかったのである。そんなはずはないと，実際に扉を開け閉めする動作を改めて観察したところ，その結果に納得した。それは，新型の軽い扉の場合，人はほとんど上肢の動きだけで扉を開けていたのだが，従来型のかたい扉の場合は，全身を一瞬後ろに引きながら，体全体の動きで開けていたのである。言い換えると，軽い扉の場合は主に腕と肩の力だけで開けるのに対し，かたい扉になると，負担が増えた分その部分の力をそれ以上増やすことはせず，体の他の部位も動員して対応していたのである（後で考えれば，これは自然な動作といえる）。それゆえ，腕と肩の筋電図だけ測っても両者の違いが検出できなかったのは当然の結果であることを知るにいたった。

　このように，人を測ることは決して容易なことではなく，その複雑さゆえにさまざまな視点から捉えていかなければならない。このことは，使いやすさや快適性，安全性や健康を高めていくために人を調べる際には注意を要する点である。人間工学に限らず，人を理解することの難しさは，古今東西のさまざまな分野でいわれてきたことでもある。

　この他にも，人を捉えるための課題はいろいろあるが，これからの人間工学において解決していかなければならないそれら諸課題のうち，表14.1に掲げ

表14.1　人間工学が解決すべき3つの課題とそのキーワード

---

①快適性と機能低下の矛盾
　・ストレスの活用
　・使うデザインを考える
　・反刹那主義的快適性

②長期持続型トータルデザイン
　・モノの単体ではなく集合のデザイン
　・生活文化との適合
　・長期にわたる効用

③人材の育成
　・人の生理心理機能の特性を理解できる人材
　・それに基づく人間中心設計のできる人材
　・人間工学の啓発と普及ができる人材

る3つの課題について本書の最後として述べてみたい。

14.3. 快適さと機能低下の矛盾

　人間工学の目的の1つとして，快適なモノのデザインがある。快適であるということを別の言葉でいえば，ストレスが少ないということでもある。第8章でも説明したように，外界から来るさまざまなストレッサに屈せぬよう心身の抵抗力を高めている状態がストレスである。つまり，ストレス状態は心や体が強くなっている状態でもある。悪いのは"過度な"ストレスであり，それが強度の疲労やさまざまな疾患を引き起こす要因となる。"適度な"ストレスであればむしろ心身にとって有益となる。さらに，適度なストレスが続くことにより，やがてその状態に心身が適応していく。また，抵抗力の適度な高まりは健康状態の維持にもつながる。逆にストレスの度合いが低下したり消えてしまえば，心身の抵抗力も低下する。これも1つの適応である。

　そのような前提で，あらためて快適なモノのデザインを考えてみよう。ゲームやスポーツに興じるような心身を高揚させるタイプの快適性を除けば，上記のとおり快適であるということは通常ストレスの少ない状態である。ストレスが少なくなれば心身の抵抗力を高く保つ必要性は低下する。心身の抵抗力が低下すれば，これまでの快適な条件から少しでも外れた場合に今まで以上に不快さを増大させることになる。つまり，このことが，この節のタイトルにある"快適性と機能低下の矛盾"であり，ここで述べる第1の課題である。

　もちろん，1つのモノだけでこうした矛盾が起こることはないだろうが，こうしたことは特に高齢者と子どもに対して重要な問題を提起する。"高齢者に優しい環境をつくろう"ということ自体は良いが，一見快適な環境を提供しただけでは，加齢による機能低下を早めてしまうことにも繋がりかねないからである。また，ストレッサが弱まることにより，子どもが心や体の強い健康な大人に成長するかを考えてみなければならない。

　それらに対する特効薬的な解決策があるわけではないが，問題解決の1つの糸口として，快適なモノを"いかにつくるか"だけではなく"いかに使うか"

ということを考えることが重要になるだろう。私たちはこれまで"いかにつくるか"は懸命に考えてきた。しかし，どんな優れたモノでも使い方次第では凶器にもなり得る。そうした優れたモノを"いかに使うか"が肝心である。快適なモノをどのように使えば，心身の機能や健康を維持しながら快適に使い続けることができるのか，それを考えることは可能であり，またこれまでの人間工学では不足していた考えである。第12章のオフィスで紹介された座位と立位の切り替え運用などは，そうした課題に対する数少ない試みの1つの例である。

そもそも，快適であるということは非常に相対的な現象である。例えば，夏の暑い炎天下から，エアコンの効いた涼しい部屋に入った瞬間は，その涼しさが最適な状態に設定されていなくても，かなりの快適さを感じるだろう。つまり，快適性の高さは絶対的に決まるものではなく，それまでの快適でない状態と快適である状態との差の大きさで決まるのである。

また，快適性はすぐにマヒしてしまうという特徴もある。上のエアコンの効いた部屋の例で，炎天下の外から入室した直後は快適に感じていても，しばらく時間が経つと快適であるという感覚は意識されなくなる。先ほど述べたように，快適感は不快側から快適側の状態に変化する時に生じる。

このような快適性の特性をうまく利用しながら使い方を考えていくことが，上述の矛盾を生じさせない快適性の提供にもつながると思われる。

さらにいえば，これまで人間工学で追求してきた"快適性"の多くは，その場，その時が快適であれば良いとする"刹那主義的"快適性だったといえる。今後は，より長期的で健康という視点も考慮した長い年月に渡る快適性を考えていく必要があるだろう。それが次に述べる長期持続型トータルデザインである。

14.4. 長期持続型トータルデザイン

普段意識することはないが，今の皆さんの生活は膨大な数の道具に支えられている。それは，さまざまな課題解決や欲求を満たす必要性が新たな道具を生み，その登場がまた新たな，そしてそれに倍する量の道具の必要性を生じさせた結果に他ならない[1]。例えば1本の鉛筆の登場は，鉛筆削りや消しゴム，ま

たそれらを製造する工作機械などを必要とさせる。それはまた新たな欲求や時として課題を生じさせ、さらなる新たな道具の必要性を生む。このようにネズミ算式に道具の階層構造は広がり、その繰り返しは道具の領域にとどまらず、社会システムや人々の意識も含む生活文化をも変容させてしまう。例えば、クルマ社会やケータイ文化はその典型的な例である。今や自動車なしの社会は考えられず、携帯電話やスマートフォンを使うことを前提に世のなかのシステムが変わりつつある。そして、そうした生活文化はそれ独自の新たなモノの創出の土台ともなる。かくして、膨大な数の道具に囲まれることが現代の生活の特徴にもなった。

こうした道具の集合は生活文化を特徴づけ、我々の生活の豊かさや快適性に少なからず影響を与える。道具の質を高めることは生活の質を高めることにも繋がる。それゆえ、それらと人との適切な関係を左右させる要素、すなわち使いやすさや安全性、快適性や満足感などがより問われることとなる。それを科学的に捉え、両者の関係を改善してきたのが人間工学といえる（そうした製品例は、例えば日本人間工学会が認定した人間工学グッドプラクティス[2]にも見ることができる）。

新たなモノが登場するたびに、そして生活や私たち自身が変化するたびに、モノとそれを使う人との間に新たな課題も浮上する。そのため、人間工学が両者の不整合を解消しながら、優れたモノのデザインに貢献してきた。その例として、第11章の住宅・住宅設備での人間工学的検討も、そうした変化のなかで生まれている。

このように、生活や人自身の変化のなかで優れたモノはつぎつぎに生み出されているが、前節でも紹介した第1の課題とは別の課題も生じている。それが、"長期持続型トータルデザイン"という第2の課題である。

人間工学はこれまで、個々の道具や空間など単体としてのモノの使いやすさや快適性などを主に扱ってきた。しかし、上に述べたように、私たちは膨大な量の道具や情報などのモノに囲まれた生活を送り、そのなかで快適性を感じ健康を維持してきた。また、それら個々のモノの評価は特定の条件下、特定の時

点に基づくものがほとんどであり，そのモノが生活や社会に及ぼす長期的で複合的な効果についてはあまり考えては来なかったといえる。例えば，ケータイ電話の使いやすさやそのユーザの生理や心理に与える影響などは評価されても，それが環境や社会にどのような影響をもたらし，その結果がユーザにどのように跳ね返ってくるのかについてはあまり触れられることはなかった。

　モノは，その周囲の環境や時間との相互作用のなかで使われる。私たちが目指すのは，そのモノ自体の質の向上だけでなく，むしろユーザ自身も含めた"用いる場"全体を長きに渡り良くしていくことにある。そのためには，第13章で紹介されたような情報という視点での評価やデザイン，さらにはこれまでとは別の新たな評価手法の開発も必要になるかもしれない。すなわち，前節の第1の課題と同様，刹那主義的な使いやすさや快適性だけではなく，長いスパンの時間，そして生活というトータルな場のなかで，それらを持続させるモノあるいはモノの集合の質の向上を考えていくことがより重要になると思われる。第12章の今後のオフィス環境についてもそうした点が指摘されている。

14.5. 人材の育成

　これらの課題を解決していくためには，そうしたことを扱える人材が必要になる。上に挙げた課題を解決することはこれからのテーマといえるが，少なくとも，人の心身機能の特性やニーズを理解し，それを社会の変化や生活の視点でモノづくりやモノの使い方に活かしていける人材が，これまで以上に求められる。それは，超高齢社会やユニバーサルデザインの普及，安全・安心設計などのための人間中心のモノづくりには欠かせないという背景がある。これが第3の課題である。

　こうした人材育成をサポートする動きも各方面で行われている。例えばその1つとして，日本人間工学会では"認定人間工学専門資格制度"を立ち上げ，運用している。認定人間工学専門家とは，人間工学の知識，技術，問題解決能力を充分に持ち，実践できる人材[3]であり，試験と書類審査により所定の知識や実務経験が認められれば資格を得ることができる。また，これは学会の資

第 14 章　明日の人間工学を展望する

表 14.2　人間工学を必要とする主な分野

＜業種＞		
住宅, 住設機器	土木（まちづくり）	家電, 情報機器
オフィス什器, 家具	自動車	生活用品
医療, 福祉	サービス業	大学, 研究所
その他		
＜部門・職種＞		
企画, 開発	設計, デザイン	製品評価, 試験
販売促進	労働管理	技術者
デザイナー	産業医	研究者
その他		

格認定制度であるが，日本でこれを取得すれば，同じ制度を採用しているアメリカや一部のヨーロッパ諸国でも有効になる国際資格でもある．実際にこの資格をとり，モノづくりの世界や学術研究分野で活躍している人も少なくない．興味のある人はホームページ[3]等を参照していただきたい．

　人材育成に関連して，同じく大切なことは，人間工学やそれに基づく人間中心のモノづくりとその重要性を，モノづくり現場やモノを使うユーザに広めていくことにある．すなわち，つくられるモノの効率や機能だけでなく，使いやすさ，安全，健康への配慮も重要になるからだ．そうした啓発・普及の担い手となるのも，やはり人間工学のできる人材となる．人間工学の啓発・普及が進めば，それを目指す人材が増えてくる．人材が増えてくれば，モノの質が高まるだけでなく，より一層人間工学の啓発・普及が進む．

　実は本書の大きな目的の 1 つもそこにある．本書を通じて，少しでも人間工学に興味を持つ人やそれを志す人が増えることを願っている．そして，皆さん方が人間工学の世界で活躍できることを期待している．具体的には，さまざまな形でかかわることができる（表 14.2）．それにより，さらに豊かで健康的な社会，安心して暮らせる社会につながるモノづくりに参加してもらえればと願っている．

14.5. 人材の育成

参考文献
1) 佐藤方彦（編），岡田明：生活文化論 生活文化と道具，井上書院，pp.207-237，1994.
2) 日本人間工学会：グッドプラクティスデータベース一覧
   http://www.ergonomics.jp/ （2014年）
3) 日本人間工学会：人間工学専門家認定機構
   https://ergonomics.jp/cpe/ （2014年）

【ブックガイド】
　人間工学をさらに勉強したい人のための書籍は多くあり，読者が興味を示す方向もさまざまある。そのため，この章のブックガイドとしては以下複数の本を紹介する。
・「人間工学ハンドブック」，伊藤謙治・桑野園子・小松原明哲(編)，朝倉書店，2003.
　この本は人間工学が扱うあらゆる分野を網羅しているため，読者の専門や興味に合うテーマや内容を見つけることができるだろう。
・「ワークショップ人間生活工学　全4巻」，(一社) 人間生活工学研究センター（編），丸善，2005.
　モノづくりのための人の心理的生理的計測，評価手法について網羅されており，人間工学を扱う技術者やデザイナー，製品評価担当者やそれを目指す読者向けに書かれた本である。
・「デザイン人間工学」，山岡俊樹，共立出版，2014.
　タイトルが示すとおり，人間工学に基づくデザインの進め方や評価法を具体的に解説している。
・「カラダの百科事典」，日本生理人類学会（編），丸善，2009.
　健康や快適に結びつく人の生理に興味のある読者は紐解いてみることをお薦めする。百科事典という名称が付けられているが，生理人類学の読み物として活用できる。

第 15 章　演習

　最後の章は"演習"のページである。第 1 章から第 14 章までの重要項目や要点を復習できるよう，各章 3 つずつ演習問題を掲げた。それらに取り組むことにより，本書で学習したことを再確認しよう。

【第1章.人間工学とは何か,どう役立つのか】

1.1. 人間工学が必要になる理由や背景にはどのようなことが挙げられるかを述べよ。

(解答:1.3節参照)

1.2. 人間工学に基づくモノづくりのために必要となる人の心身機能として,どのようなものが挙げられるかを述べよ。

(解答:1.4節参照)

1.3. 身の回りにあるさまざまなモノの中で,人間工学的に問題のありそうな事例を見つけよ。
(解答:サイズの合わないモノ,大きな身体負担を伴うモノ,見にくいモノ,分かりにくいモノ,安全性に疑問があるモノ,使える人が限られるモノなどの例が挙げられていればよい)

【第2章.モノづくりは人の寸法を知ることから始まる】

2.1. 人の体の大まかな区分とその名称を述べよ。

(解答:2.2節参照)

2.2. 人の寸法の平均値を基準にモノの寸法を決めることが,多くの場面で妥当ではない理由を述べよ。

(解答:2.4節参照)

2.3. 正規分布,平均値,標準偏差,パーセンタイル値の各意味と,それらの間の関係を述べよ。

(解答:2.5節,2.6節,コラム②-1参照)

【第3章.悪い姿勢が体を壊す】

第 15 章 演習

3.1. 脊柱の構造について説明せよ。

(解答：3.2 節参照)

3.2. 悪い姿勢や動作とされるものにはどのようなタイプがあるかを挙げよ。

(解答：3.4 節参照)

3.3. モーメントとは何か，そして関節に加わるモーメントの例としてどの様なものがあるかを説明せよ。

(解答：3.5 節，3.6 節，3.7 節，コラム③－2 参照)

【第 4 章．感覚は五感だけではない】

4.1. 感覚の種類を述べよ。

(解答：4.1 節参照)

4.2. 視野の種類にはどのようなものがあるかを述べよ。

(解答：4.3 節，4.5 節参照)

4.3. 街中で，見やすい表示，見にくい表示の事例を探して説明せよ。

(解答：4.2 節参照)

【第 5 章．人はどの様に見ているのか】

5.1. 錐体と桿体の違い，そしてそれに基づく見え方の特徴を説明せよ。

(解答：5.1 節，5.2 節，5.3 節，5.4 節参照)

5.2. ウェーバー・フェヒナーの法則を簡単に説明せよ。

(解答：5.6 節参照)

5.3. 錯視を利用した例を探し，まとめよ。

(解答：5.5節，コラム⑤-2参照)

【第6章．わかりやすさをデザインする】

6.1. 自動化・多機能化機器になぜわかりにくさの問題が生じる場合があるのか，その理由を述べよ．

(解答：6.2節参照)

6.2. 標識・サインのわかりにくさ・気づきにくさの要因をまとめよ．

(解答：6.4節参照)

6.3. わかりやすい標識・サインをデザインするために考慮すべき点を挙げよ．

(解答：6.5節参照)

【第7章．人はエラーを犯す動物である】

7.1. ハインリッヒの法則とスイスチーズモデルについて説明せよ．

(解答：7.3節参照)

7.2. ヒューマンエラーが生じる主な要因を挙げよ．

(解答：7.4節参照)

7.3. ヒューマンエラーを防ぐために考えるべきことをまとめよ．

(解答：7.5節参照)

【第8章．ストレスは悪者ではない】

8.1. 疲労を測る手法について説明せよ．

(解答：8.2節参照)

8.2. ストレス，ストレッサとは何かを述べよ．

(解答：8.3 節参照)

8.3. ストレスの効用を説明せよ。

(解答：8.6 節参照)

【第9章. 誰もが目的を達成できるモノのデザイン】

9.1. ユニバーサルデザインの基本的な考え方を述べよ。

(解答：9.1 節，9.2 節，9.3 節参照)

9.2. 加齢に伴う心身機能の変化の特徴をまとめよ。

(解答：9.6 節参照)

9.3. 街中でユニバーサルデザインの事例を探し，まとめよ。

(解答：9.4 節参照)

【第10章. 機器（キーボードの人間工学設計）】

10.1. キーボードの配列は，必ずしも効率が最良とはいえない配列が普及している。その背景や理由を述べよ。

(解答：10.1 節，コラム⑩－1，⑩－2 参照)

10.2. キースイッチの感触に関する過去の研究において，いろいろな結果が得られているが，多くの研究で一致した結果がある。それは何か？
(解答：キースイッチのフィードバック（スナップ／クリック感）がはっきりしている方がタイプミスが少ない。10.3 節参照)

10.3. キーボードの設計に関して,ISO や JIS 等で多くの人間工学的要求事項がまとめられている。印象に残った要求事項を2つ挙げて，なぜそのような要求値が要求されているかを考察せよ。

(解答：10.4 節，表 10.1 参照)

【11 章．住宅】

11.1. 手すりはその働きにより2種類に大きく分けることができる。それらの働きと住宅の中で設置される箇所の例をそれぞれ挙げよ。

(解答：11.3 節 3 参照)

11.2. 家庭内での不慮の事故による死亡者のもっとも多い事故の種類をあげ，その防止策について述べよ。

(解答：11.4 節 1 参照)

11.3. キッチンにおいて，調理作業のスムーズさを判定する加熱器（コンロ）とシンクと冷蔵庫の配置を決める考え方を述べよ。

(解答：11.4 節 3 参照)

【第 12 章．オフィス】

12.1. オフィスチェアを設計する上で重要な点を2つと，それぞれについての具体的な工夫の例を挙げよ。

(解答：12.1 節参照)

12.2. オフィスにおいて，働く人の快適性と知的生産性を両立するために，どのような配慮が必要か，具体的な作業を例として取り上げて述べよ。

(解答：12.2.1 節参照)

12.3. 健康に働くために，オフィスにおいて配慮すべき点と具体的な配慮の事例を挙げよ。

(解答：12.2.2 節参照)

【第13章. 情報デザインと人間工学】

13.1.「情報デザイン」と「情報デザインのプロセス」について述べよ．

(解答：13.1節参照)

13.2. 身の回りにあるさまざまなモノの中で，情報デザインという視点で，どのような課題があるか，具体的な例で課題をあげて述べよ．

(解答：13.1節参照)

13.3. 人間中心設計と人間中心設計のプロセスについて述べよ

(解答：13.1節参照)

【第14章. 明日の人間工学を展望する】

14.1. 快適さと機能低下の矛盾とは何か，説明せよ．

(解答：14.3節参照)

14.2. 人間工学がこれからの生活に貢献できることは何かを述べよ．

(解答：14.3節，14.4節参照)

14.3. 人間工学に期待すること，あるいは特に取り組まなければならないことを述べよ．

(解答：皆さん自身の意見が盛り込まれていればよい)

索　引

英
- Ergonomics ················· 15
- Human Factors ············· 16
- QOL ······················· 169
- VDT 作業 ················ 7, 196

あ
- 足 ························· 19
- 網膜 ···················· 56, 70
- 暗順応 ····················· 75
- 暗所視 ····················· 75
- 椅子 ········· 3, 18, 172, 177, 187, 196
- インタビュー法 ············· 204
- 上肢 ··················· 19, 221
- 上腕 ···················· 19, 48
- 運動神経 ··················· 132
- エプロン高さ ··············· 177
- 体幹 ··················· 19, 189
- オフィスチェア ······· 145, 187, 218

か
- 介助シャワー浴 ············· 175
- 角膜 ······················· 69
- 感覚 ······ 50, 55, 79, 97, 121, 145, 181, 223
- 観察法 ···················· 204
- 桿体 ······················· 70
- 胸椎 ······················· 40
- 強膜 ······················· 69
- 筋紡錘 ····················· 55
- 蹴上げ ···················· 179
- 腱 ······················ 38, 57
- 頸椎 ······················· 40
- 拮抗筋 ····················· 40
- 頸部 ··················· 19, 40
- 幻覚 ······················· 79
- 腱器官 ····················· 57
- 交感神経 ··················· 129
- 恒常性 ···················· 121
- 骨格筋 ····················· 37
- コワーキングスペース ······· 198

さ
- 最大発揮力 ················· 170
- 錯視 ······················· 68
- 自覚症しらべ ··············· 122
- 弛緩 ······················· 38
- 刺激閾 ····················· 82
- 下肢 ··················· 19, 139
- 下腿 ················ 19, 56, 190
- 支点 ······················· 47
- シナリオ手法 ··············· 204
- 視野 ···················· 54, 71
- 収縮 ··················· 38, 219
- 住宅性能表示制度 ············ 174
- 周辺視 ····················· 60
- 詳細デザイン ··············· 210
- 冗長性設計 ················· 114
- 情報デザイン ·········· 201, 218
- ショック相 ················· 127
- 自律神経系 ················· 129
- 視力 ············ 12, 32, 54, 69, 140
- 身体尺 ···················· 167
- 深部感覚 ··················· 56
- 椎間円板 ··················· 40
- 椎骨 ··················· 40, 189
- 随意最大筋力 ················ 51
- 水晶体 ····················· 70
- スイスチーズモデル ·········· 109
- 錐体 ······················· 70
- 筋繊維 ····················· 38
- ストレス ·············· 120, 220
- ストレス病 ················· 128
- ストレッサ ············ 125, 220
- 正規分布 ··················· 26
- 脊髄 ······················ 132
- 脊柱 ················ 40, 147, 188
- 仙椎 ······················· 41
- 専門家による評価 ············ 204
- 創造性 ···················· 195
- 相対筋力 ··················· 43
- 測定項目 ··················· 17

索　引

| 測定点 …………………………… 21, 40

た
| 太腿 ……………………………………… 19
| 体性感覚 ………………………………… 56
| 体性神経系 ……………………………… 132
| タスク分析 ……………………………… 207
| 知覚 ………………………………… 54, 72
| 知覚神経 ………………………………… 132
| 知的生産性 ……………………………… 186
| 注視安定視野 …………………………… 63
| 中心窩 …………………………………… 71
| 中枢神経系 ……………………………… 132
| 長寿社会対応住宅 ……………………… 168
| 手 …… 12, 19, 38, 56, 130, 135, 156, 170, 220
| 適応 ………………………………… 120, 220
| デザインコンセプトの設定 ………… 207
| デザイン評価 …………………………… 210
| デザインプロセス ……………………… 201
| 等尺性収縮 ……………………………… 38
| 等張性収縮 ……………………………… 38
| 頭部 ……………………………………… 19
| 胴部 ……………………………………… 19
| 踏面 ……………………………………… 179
| 特殊感覚 ………………………………… 55

な
| 内臓感覚 …………………………… 57, 121
| 虹彩 ……………………………………… 69
| 人間中心設計 ……………………… 151, 203
| 認知 …………………………… 54, 82, 85, 119
| 脳 ………………… 13, 51, 61, 68, 70, 85, 130

は
| パーセンタイル値 …………… 27, 148, 191
| ハインリッヒの法則 ………………… 108
| 汎適応症候群 …………………………… 126
| 瞳孔 ……………………………………… 69
| 尾椎 ……………………………………… 41
| ヒヤリ・ハット ……………………… 108
| ヒューマンインタフェース … 15, 87, 113
| ヒューマンエラー ……………… 103, 131
| 標準偏差 ……………………………… 27, 42

| 疲労 ………………… 114, 120, 196, 222
| フールプルーフ ……………………… 114
| フェイルセーフ ……………………… 114
| 不活動 ………………………………… 196
| 副交感神経 …………………………… 132
| ブラックボックス化 ………………… 90
| 不慮の事故死 ………………………… 167
| プロトタイプ制作 …………………… 207
| ペルソナ手法 ………………………… 204
| 偏差値 …………………………………… 28
| 弁別視野 ……………………………… 59
| 補助視野 ……………………………… 60
| 拇指球 ………………………………… 179

ま
| 前腕 ……………………………… 19, 48
| 末梢神経系 …………………………… 132
| マルチン式測定器 ……………………… 21
| 明所視 …………………………………… 75
| メンタルモデル ………………… 91, 119
| 盲点 ……………………………… 62, 72
| モーメント ……………………………… 46
| モジュール …………………………… 169

や
| ユーザエクスペリエンスデザイン ……203
| ユーザビリティテスト ……………… 204
| 誘導視野 ……………………………… 60
| ユニットバス ………………………… 174
| 浴用イス ……………………………… 174
| 腰椎 ……………………………… 41, 189

ら
| ランドルト環 …………………………… 64
| ランバーサポート …………………… 193
| 力点 ……………………………………… 47
| ロナルド・メイス …………………… 136

わ
| ワークトップ ………………………… 181
| ワークトライアングル ……………… 169

著者略歴

岡田　明（おかだ　あきら）（編著者，第1章〜第9章，第14章）
　1980年　千葉大学大学院工学研究科修士課程修了
　1980年　日本大学医学部助手
　1987年　千葉大学工学部助手
　1992年　大阪市立大学生活科学部助教授
　2004年　大阪市立大学大学院生活科学研究科教授
　　　　　現在に至る　医学博士　認定人間工学専門家
　専門：人間工学。主としてモノを扱う人の生理的心理的負担や使いやすさに関する研究と教育に従事。その他，人間工学，人類働態学，生理人類学等の学会活動や，ユニバーサルデザイン，国際規格（ISO）に関する委員会活動等に参画。

後藤義明（ごとう　よしあき）（第11章）
　1977年　京都工芸繊維大学工芸学部建築工芸学科卒業
　1977年　積水ハウス株式会社入社
　1981年　同　技術部
　1982年　同　住生活研究部
　1996年　同　生涯住宅研究室
　2002年　東京工業大学大学院博士課程修了
　2007年　岡山理科大学総合情報学部建築学科教授
　2011年　岡山理科大学工学部建築学科建築学専攻教授
　　　　　現在に至る　博士（工学）　一級建築士
　専門：住宅計画。建築人間工学。住宅会社の研究所で高齢者障害者対応住宅の研究に25年以上携わり，高齢者等配慮性能，ユニバーサルデザイン，ISOコポルコに関する委員会活動等に参画。日本建築学会，バイオメカニズム学会会員。著書「高齢・障害に　いたわりの住宅改善」「高齢者が住みたい家」（ともに共著，講談社）。

八木　佳子（やぎ　よしこ）（第12章）
　1998年　大阪市立大学大学院生活科学研究科修士課程修了
　1998年　株式会社イトーキクレビオ入社　中央研究所配属
　1987年　株式会社イトーキクレビオが株式会社イトーキに社名変更
　　　　　現在に至る　認定人間工学専門家　認定ファシリティーマネージャ
　専門：人間工学。家具・照明・内装等で構成されるオフィス空間と，そこで働く人の生産性や快適性の関係に関する研究と，研究に基づく製品お

よびソリューションの開発に従事。その他，人間工学，日本オフィス学会等の学会活動，委員会活動等に参画。

山崎　和彦（やまざき　かずひこ）（第 13 章）
1979 年 3 月　京都工芸繊維大学　工芸学部意匠工芸科　卒業
2001 年 3 月　神戸芸術工科大学　大学院芸術工学研究科博士課程　単位取得満期退学
2004 年 3 月　日本アイ・ビー・エム（株）ユーザーエクスペリエンス・デザインセンター（技術理事）
2006 年 12 月　東京大学　大学院新領域創成科学研究科博士後期課程　単位取得満期退学
2007 年 4 月　千葉工業大学工学部デザイン科学科　教授
　　　　　　現在に至る　博士（芸術工学）人間中心設計専門家
専門：製品やシステムに関する工業デザイン，ヒューマンインタフェース・デザイン，ユニバーサルデザイン，ユーザーセンタード・デザイン，情報デザイン，デザインマネージメント等に関連する実践および研究。

吉武　良治（よしたけ　りょうじ）（第 10 章）
1986 年　九州芸術工科大学大学院芸術工学研究科修士課程修了
1986 年　日本アイ・ビー・エム株式会社入社　大和研究所人間工学
2003 年　同社　ユーザーエクスペリエンスデザインセンター（テクニカルマスター）
2008 年　同社　グローバルビジネスサービス（部長／STSM）
2013 年　芝浦工業大学デザイン工学部教授
　　　　現在に至る　博士（工学）認定人間工学専門家，認定 HCD 専門家
専門：人間工学，ユーザーエクスペリエンスデザイン。人間の形態，生理，心理要因をベースとしてモノやコト，サービスのデザインに関する実践，研究・教育に従事。その他，人間工学，ヒューマンインタフェース，人間中心設計に関する学会活動や，業界団体，ユニバーサルデザイン，国際規格（ISO）・標準化に関する委員会活動等に参画。

初めて学ぶ人間工学

2016年1月15日 初版第1刷発行	編著者　岡　田　　　明
2021年2月5日 初版第3刷発行	著　者　後　藤　義　明
	八　木　佳　子
検印省略	山　崎　和　彦
	吉　武　良　治
	発行者　柴　山　斐呂子

発行所　理工図書株式会社

〒102-0082　東京都千代田区一番町27-2
電話03（3230）0221（代表）
FAX 03（3262）8247
振替口座　00180-3-36087番
http://www.rikohtosho.co.jp

©2016　岡田明
Printed in Japan　ISBN978-4-8446-0841-7
印刷・製本：藤原印刷株式会社

＊本書の内容の一部あるいは全部を無断で複写複製（コピー）することは，法律で認められた場合を除き著作者および出版社の権利の侵害となりますのでその場合には予め小社あて許諾を求めて下さい。

＊本書のコピー，スキャン，デジタル化等の無断複製は著作権法上の例外を除き禁じられています。本書を代行業者等の第三者に依頼してスキャンやデジタル化することは，たとえ個人や家庭内の利用でも著作権法違反です。

★自然科学書協会会員★工学書協会会員★土木・建築書協会会員